Le **Québec**
symboles et **culture**

ÉDITION CLUB QUÉBEC LOISIRS INC.
© Avec l'autorisation des Guides de voyage Ulysse inc.

Illustration de la page couverture: © Ulysse/Pascal Biet

Crédits photographiques:
p. 11 © Shutterstock.com/Bruce Amos; p. 12 © Dreamstime.com/Andrzej Fryda; p. 23 © Dreamstime.com/Lauren Jones, Mike Rogal, Reinhard Tiburzy; p. 24 © Dreamstime.com/André Nantel, Graça Victoria; p. 38 © Dreamstime.com/Mary Lane; p. 45 © Dreamstime.com/Marieve Bouchard; p. 55 © Dreamstime.com/Jiri Vaclavek.

Imprimé au Canada

Dépôt légal – Bibliothèque nationale du Québec, 2008
ISBN 978-2-89430-843-1

Sommaire

Mer du Labrador

TERRE-NEUVE-ET-LABRADOR

Labrador

Rivière Aguanish

Rivière Romaine

Rivière Moisie

St. John's

Natashquan

138

Terre-Neuve

Havre-Saint-Pierre

Sept-Îles

Détroit de Jacques-Cartier

Port-Cartier

138

Île d'Anticosti

Golfe du Saint-Laurent

Saint-Pierre et Miquelon (France)

Saint-Laurent

Détroit d'Honguedo

132

Gaspé

Sainte-Anne-des-Monts

Percé

Îles de la Madeleine

eau

Matane

299

Amqui

132

New Richmond

ÎLE-DU-PRINCE-EDOUARD

Mont-Joli

132

Charlottetown

132

Rimouski

is-Pistoles

NOUVEAU-BRUNSWICK

NOUVELLE-ÉCOSSE

re-du-Loup

Fredericton

OCÉAN ATLANTIQUE

Saint John

Halifax

U N I S

Golfe du Maine

0   100   200km

Portland

Boston

QUÉBEC

C A N A D A

ÉTATS-UNIS

Introduction

Voici enfin un livret pratique qui renferme tout ce que l'on est censé savoir sur le Québec... mais qu'on a tendance à oublier! Depuis la venue des premiers habitants sur son territoire, il y a plus de 8 000 ans, le Québec s'est maintes fois transformé avant de devenir ce qu'il est aujourd'hui. C'est pourquoi cet ouvrage brosse un portrait général du Québec pour que tous, Québécoises et Québécois, visiteurs de passage et nouveaux arrivants, jeunes et moins jeunes, puissent dire après l'avoir consulté: *Je me souviens.*

Le premier chapitre, intitulé simplement «Vous avez dit Québec?», offre une foule de renseignements sur les emblèmes officiels et non officiels du Québec, sur le drapeau et la devise, ainsi que sur la population et la langue. Le deuxième chapitre, «Géographie», s'intéresse aux réalités géographiques du Québec: son climat, sa faune et sa flore. Dans le troisième chapitre, «Histoire», les événements marquants de l'histoire québécoise sont abordés sous la forme d'une chronologie commentée. Le quatrième chapitre, «Politique et économie», explique d'abord le système politique québécois, puis dresse l'état de l'économie et des principaux éléments de son évolution. Le dernier chapitre, «Culture», rassemble des textes sur autant de thèmes que sont l'architecture, la littérature, les arts visuels, la musique, le cinéma et la gastronomie. Finalement, en fin d'ouvrage, trois pages sont réservées aux inventions et aux grandes réalisations québécoises, ainsi qu'à quelques records. Vous trouverez, insérés ici et là au fil des pages, des encadrés parfois étonnants et des questions quiz qui mettent en lumière de façon amusante d'autres facettes méconnues du Québec.

S'il est bien sûr impossible d'être exhaustif dans un ouvrage de 64 pages, nous espérons néanmoins que ce recueil saura vous plaire et vous fournir tous les outils nécessaires pour comprendre le Québec actuel, une nation en constante évolution qui, depuis l'écriture de ces quelques lignes, n'est déjà plus tout à fait la même.

Données générales
sur le Québec

Kébec

Le nom d'origine algonquine Québec – jadis orthographié *Quebecq* ou *Kébec* – signifie «passage étroit» ou «détroit», en référence au resserrement du fleuve Saint-Laurent à la hauteur du cap Diamant, face à l'actuelle ville de Québec.

Le Québec est l'une des 10 provinces de la confédération canadienne.

Population:
7 700 000 habitants
(49% d'hommes, 51% de femmes)

Gentilé:
Québécois, Québécoise

Type de gouvernement:
Démocratie parlementaire

Chef du gouvernement:
Le premier ministre du Québec.

Capitale:
La ville de Québec, avec 498 600 habitants
(723 300 pour la région de Québec).

Métropole:
La ville de Montréal est, avec 1 633 700 d'habitants, la deuxième ville francophone du monde après Paris (3 666 300 pour la région métropolitaine).

Les 22 régions touristiques:
Abitibi-Témiscamingue, Baie-James et Eeyou Istchee, Bas-Saint-Laurent, Cantons-de-l'Est, Centre-du-Québec, Charlevoix, Chaudière-Appalaches, Duplessis, Gaspésie, Îles-de-la-Madeleine, Lanaudière, Laurentides, Laval, Manicouagan, Mauricie, Montérégie, Montréal, Nunavik, Outaouais, Québec, Saguenay–Lac-Saint-Jean.

Le **drapeau** du Québec

Le fleurdelisé a été institué comme drapeau national du Québec par le gouvernement de Maurice Duplessis le 21 janvier 1948. Il remplaça alors le drapeau britannique, l'*Union Jack*, au sommet de la tour centrale du Parlement. Il est composé d'une croix blanche représentant la foi chrétienne et de quatre fleurs de lys sur fond azur en mémoire des origines françaises du Québec. Ces éléments sont présents sur les drapeaux français depuis le Moyen Âge et ornaient les bannières utilisées par les premiers explorateurs français en Amérique du Nord.

Le drapeau québécois ressemble à s'y méprendre au Carillon, une bannière conçue par Elphège Filiatrault, curé du village de Saint-Jude dans le diocèse de Saint-Hyacinthe, qui était surtout utilisée dans le cadre de processions religieuses. La Société Saint-Jean-Baptiste l'adopta comme drapeau officiel des Canadiens français en 1926. Dans le processus de sélection du drapeau national, le Carillon profita d'un fort appui populaire, et le gouvernement le préféra à de nombreux autres projets et l'adopta moyennant quelques modifications pour le rendre conforme aux règles de l'art héraldique.

Étonnant!

C'est apparemment le Carillon qui flotta au sommet de la tour du Parlement du 21 janvier au 2 février 1948, le nouveau drapeau n'étant pas encore disponible.

La **devise** et les **armoiries**

Vers 1885, Eugène-Étienne Taché, l'architecte de l'hôtel du Parlement de Québec, avait pris l'initiative de faire graver dans la pierre au fronton de la porte principale de l'édifice la devise *Je me souviens*, qui devint du même coup la devise officielle de la province. Puisque Taché n'a jamais expliqué les intentions derrière son geste, le sens de la devise québécoise a donné lieu à de nombreuses interprétations. Il est toutefois probable qu'il ait voulu rendre hommage aux pionniers du Québec. C'est du moins ce que suggère son aménagement de la façade de l'hôtel du Parlement, qui rend hommage aux Amérindiens, Français et Britanniques qui ont marqué les débuts de l'histoire québécoise.

Le 9 décembre 1939, le gouvernement se dote par décret de nouvelles armoiries reflétant l'histoire politique du Québec. Le Régime français y est représenté par les fleurs de lys or sur fond bleu, le Régime britannique par un léopard or sur fond rouge et la période canadienne par un rameau de feuilles d'érable. La devise *Je me souviens* y occupe également une bonne place. Ces armoiries remplacent celles attribuées à la province par les autorités britanniques en 1868. Contrairement aux usages habituels, le Québec modifia ses armoiries sans consulter les autorités britanniques, un autre exemple de son statut distinct dans la confédération canadienne.

Question

En quelle année la devise officielle du Québec, *Je me souviens*, remplaça *La belle province* sur les plaques d'immatriculation des voitures au Québec?

Les **emblèmes**

La fleur

Le lis blanc a été désigné en 1963 comme fleur emblématique du Québec en raison de sa parenté avec la fleur de lys qui figure sur le drapeau québécois. Comme cette plante méditerranéenne ne pousse pas à l'état naturel au Québec, l'Assemblée nationale a changé son fusil d'épaule et adopté le 28 octobre 1999 la Loi sur le drapeau et les emblèmes du Québec, qui fait de l'iris versicolore (*Iris versicolor Linné*) le nouvel emblème floral québécois. Plante indigène, l'iris est en fleur vers la fin du printemps et au début de la saison estivale sur plus de la moitié du territoire québécois, de la vallée du Saint-Laurent jusqu'aux rives de la baie James. Connue également sous le nom de «clajeux», on lui reconnaît des vertus médicinales. Son rhizome, récolté en automne, servait de cataplasme pour soigner piqûres, brûlures et enflures, mais était également utilisé à faible dose comme purgatif, vermifuge et diurétique.

L'arbre

Pour souligner l'importance que les Québécois vouent à leur forêt, le gouvernement a fait du bouleau jaune (*Betula alleghaniensis Britton*) l'arbre emblématique du Québec. Utilisé depuis les débuts de la Nouvelle-France, il se trouve dans de nombreuses forêts québécoises et se distingue par la variété de ses usages et par sa valeur commerciale. Également appelé «merisier», il est notamment recherché en construction et en ébénisterie pour son bois de bonne qualité.

L'oiseau

Choisi en novembre 1987 comme oiseau emblématique du Québec, le harfang des neiges (*Nyctea scandiaca*) est l'un des plus beaux oiseaux d'Amérique. Ce hibou du Nord évoque la blancheur des hivers au Québec, en plus de l'enracinement du peuple québécois sur un vaste territoire malgré le rude climat hivernal. Le harfang des neiges niche un peu partout dans la toundra, notamment sur les côtes de la baie d'Ungava, et ne vient dans le sud du Québec que lorsque la population de lemmings, sa nourriture favorite, diminue. Il est alors possible d'en voir jusque dans la région de Montréal.

 Étonnant!

Le plus gros bouleau jaune du Québec se trouve à une trentaine de kilomètres de la municipalité de Lamarche, au Lac-Saint-Jean. Cet arbre remarquable aurait entre 250 et 300 ans. Haut de 25 m, sa circonférence est de 5,2 m à sa base. Six personnes doivent se tenir à bout de bras pour l'entourer.

La **langue** officielle: le **français**

L'existence d'une population majoritairement francophone au Québec est une réalité unique en Amérique du Nord. Depuis la conquête anglaise de 1760, la question linguistique est omniprésente dans le débat politique québécois. Le Québec étant officiellement bilingue depuis la Confédération, la loi 22, adoptée en 1974, consacre alors le français comme son unique langue officielle. En 1977, le gouvernement du Parti québécois de René Lévesque adopte la Charte de la langue française – le fameux projet de loi 101 –, qui a pour objectif d'affirmer la primauté du français sur la place publique et dans les domaines du travail et de l'éducation. Ces deux législations trouvent leur origine dans les craintes suscitées par l'adoption de l'anglais comme langue d'usage par un nombre grandissant d'immigrants récents à compter des années 1960, plus particulièrement dans la région de Montréal. Énergiquement combattues par certains leaders anglophones et allophones, les initiatives du Québec inspirent aujourd'hui des pays et communautés qui se penchent sur la question des aménagements linguistiques. C'est notamment le cas de la Catalogne, communauté autonome de l'Espagne.

Langue maternelle*

Au Québec

Français	79,0%
Anglais	7,7%
Autres	11,9%

Ville de Montréal

Français	48,8%
Anglais	16,8%
Autres	31,7%

*Ces pourcentages excluent les recensés ayant plus d'une langue maternelle.

Recensement 2006, Statistique Canada

Question

Quel était le gouvernement au pouvoir lors de l'adoption de la loi 22, qui faisait du français la seule langue officielle du Québec?

Réponse: Le gouvernement libéral de Robert Bourassa.

Fête nationale

Importée d'Europe, la célébration de la Saint-Jean-Baptiste a cours dès les débuts de la colonisation. Cette fête religieuse prend son origine dans les fêtes païennes du solstice d'été et autres fêtes agraires qui marquaient le début de la saison estivale. C'est Ludger Duvernay, un influent éditeur de journaux, qui, le 24 juin 1834, met en place la tradition de la fête nationale et fonde par la même occasion la Société Saint-Jean-Baptiste (organisation vouée à la promotion de la solidarité canadienne-française). Il convie alors une soixantaine de personnes à un banquet champêtre pour discuter de l'avenir des Canadiens français. L'événement se répète par la suite annuellement, et les festivités s'étendent à l'ensemble du Québec sous le patronage de la Société Saint-Jean-Baptiste et de l'Église catholique. En 1908, le pape Pie X fait de saint Jean-Baptiste le patron spécifique des Canadiens français. Entré dans les mœurs de la population, le 24 juin devient un jour férié au Québec en 1925. Il faut toutefois attendre 1977 avant que la Saint-Jean ne devienne officiellement la fête nationale et légale du Québec. Elle est aujourd'hui célébrée chaque année par des centaines de milliers de personnes qui, partout au Québec, gardent bien vivante la tradition des feux de joie qu'allumaient jadis les païens pour célébrer le solstice d'été.

Un **hymne** national?

Officiellement, le Québec ne dispose d'aucun hymne national. «Gens du pays», cette chanson dont les paroles et la musique sont de Gilles Vigneault (en collaboration avec Gaston Rochon), fut créée en 1975 pour les célébrations de la Saint-Jean sur le mont Royal, à Montréal, où la croix s'est illuminée en bleu pour l'occasion. Sa popularité en fait presque un hymne national du Québec, et on la chante souvent en chœur dans les rassemblements et les fêtes populaires. Le refrain est une valse à trois temps:

Gens du pays c'est votre tour

De vous laisser parler d'amour

Gens du pays c'est votre tour

De vous laisser parler d'amour

Un sport national, le **hockey**

C'est bien connu, les Québécois se passionnent pour le hockey. Dans tous les coins du Québec, jeunes et moins jeunes pratiquent ce sport rapide et exigeant. Et que dire de la passion que nous déployons en tant que spectateur à suivre les activités des nombreuses ligues qui existent partout en région. Tous ceux qui sont assez âgés pour les avoir vécus se souviennent des exploits de Maurice Richard, de la rivalité entre les Nordiques de Québec et le Canadien de Montréal, ainsi que des célébrations entourant la conquête de la coupe Stanley. Les origines exactes de ce sport demeurent nébuleuses, mais une chose est certaine, c'est à Montréal que le hockey est devenu ce qu'il est aujourd'hui. C'est dans cette ville qu'on publia en 1877 les règlements du hockey et qu'on fonda une première ligue d'importance, l'Association canadienne de hockey amateur qui deviendra plus tard la Ligue nationale de hockey. Elle est aujourd'hui la plus importante ligue de hockey professionnel au monde et compte 30 équipes qui regroupent les meilleurs hockeyeurs de la planète.

Maurice Richard (1921-2000)

Surnommé *le Rocket*, Maurice Richard est sans nul doute l'un des plus grands hockeyeurs de l'histoire. Il sera le premier joueur de la Ligue nationale de hockey à totaliser 50 buts dans la même saison et 500 sur l'ensemble de sa carrière. Jouant pour le Canadien de Montréal de 1942 à 1960, il remporta la coupe Stanley à huit reprises. Avec un total de 544 buts en carrière, il est encore aujourd'hui le plus prolifique marqueur de l'histoire de l'équipe montréalaise.

 Question

L'équipe du Canadien de Montréal n'est pas la première issue de cette ville à avoir remporté la coupe Stanley. De quelle équipe s'agit-il?

Réponse : L'Amateur Athletic Association de Montréal, qui mettait la main en 1893 sur la toute première coupe Stanley de l'histoire.

La **boisson** nationale non officielle: la **bière**

Il est aujourd'hui difficile de croire que l'on favorisa le commerce de la bière en Nouvelle-France pour combattre les effets pervers de la surconsommation d'alcool. Le 5 mars 1668, le Conseil souverain de la Nouvelle-France émettait en effet une ordonnance favorisant l'établissement des premières brasseries: *La trop grande qualité de vin et d'eaux-de-vie importée de France est une occasion de débauche, divertit les ouvriers de leur travail et ruine la santé par de fréquentes ivrogneries. On pourrait diminuer ces importations si l'on établissait des brasseries pour faire de la bière un supplément aux boissons ci-devant dites.*

La bière fut introduite en Nouvelle-France en 1647, par les Jésuites qui brassèrent le malt et le houblon au profit de leur communauté. L'année suivante, Jacques Boisdon (!) ouvrait la première taverne publique avec permis d'hôtellerie. Après la Conquête, plusieurs grandes brasseries seront créées au Québec, tant à Montréal qu'à Québec même, les Britanniques se révélant des buveurs de bière plutôt que des amateurs de vin…

Jusqu'à la fin des années 1970, la bière se boit à la taverne, un lieu jusqu'alors interdit aux femmes. Avec le changement de la loi, les tavernes, qu'on appellera ensuite familièrement les «brasseries», afficheront pendant quelques années sur leurs portes le fameux *«Bienvenue aux dames»*… Depuis la fin des années 1980, on a vu apparaître partout au Québec des microbrasseries qui brassent en petite quantité des bières de grande qualité.

Étonnant!

Un succès enivrant

Le 21 mars 1979, Michel Côté, Marcel Gauthier et Marc Messier donnent la première représentation de la pièce de théâtre *Broue*, qui traite de manière humoristique de la fin de la glorieuse époque des tavernes. La pièce connaît un succès phénoménal qui ne se dément pas. Depuis ses débuts, la pièce a été jouée à 2 800 reprises devant 2,7 millions de spectateurs, et ce n'est pas fini…

La **population** québécoise

Le Québec est constitué d'une population aux origines diverses. Aux peuples autochtones se sont joints, à partir du XVIᵉ siècle, des colons d'origine française dont les descendants forment aujourd'hui la majorité de la population québécoise. Arrivés au pays entre 1608 et 1759, ils provenaient pour la plupart des régions du nord et de l'ouest de la France, principalement de Normandie, d'Île-de-France, d'Anjou, du Maine, de la Touraine, de la Bretagne, de la Champagne et de la Picardie. Par la suite, le Québec s'est enrichi d'immigrants des îles Britanniques et des États-Unis. Tout au long du XIXᵉ siècle, le Québec connut de grandes vagues d'immigration en provenance des îles Britanniques. Ces Anglais, Écossais ou Irlandais, souvent dépossédés dans leur pays ou victimes de la famine, s'installèrent surtout dans les Cantons-de-l'Est, en Outaouais et à Montréal.

L'immigration autre que française, américaine ou britannique n'a réellement commencé qu'au tournant du XXᵉ siècle, d'abord constituée majoritairement de Juifs d'Europe centrale et d'Italiens. À partir des années 1960, le Québec accueille une immigration diversifiée en provenance de tous les continents. Aujourd'hui, après les Québécois d'origine française ou britannique, les communautés italiennes, arabes, antillaises, juives et chinoises sont les plus importantes.

Bien **avant** les Européens…

Bien avant la venue des Européens, le territoire du Québec est habité depuis plusieurs millénaires par différentes populations autochtones qui formaient une mosaïque complexe de cultures indigènes se distinguant les unes des autres par leur langue, leur mode de vie et leurs rites religieux. Ayant su apprivoiser les rigueurs du climat et les particularités du territoire, les peuples du Nord tiraient leur subsistance de la chasse et de la pêche, alors que ceux qui vivaient dans la vallée du Saint-Laurent se nourrissaient principalement de leurs récoltes. Les 11 nations autochtones présentes au Québec se regroupent en trois familles culturelles distinctes. Ainsi, les Abénaquis, les Algonquins, les Attikameks, les Cris, les Malécites, les Micmacs, les Montagnais et les Naskapis sont tous de culture algonquienne, alors que les Hurons-Wendat et les Mohawks sont de culture iroquoienne. Les Inuits complètent cette liste. Lorsque Jacques Cartier foule le sol gaspésien en 1534, on estime leur nombre à 20 000 individus en sol québécois, 220 000 pour l'ensemble du Canada.

Les **noms** et **prénoms**

Le nom de personne le plus commun au Québec est Pierre Tremblay. D'ailleurs, un Québécois sur 20 porte le nom de famille Tremblay, Gagnon, Côté, Roy, Bouchard, Fortin, Lavoie, Gagné, Morin ou Gauthier. Certains noms proviennent de l'exercice d'un métier ou d'une occupation: Lécuyer, Boulanger, Lévesque, Charron. Des noms ont aussi leur origine dans un trait de caractère: Guay, L'Heureux, Sanschagrin, Sansregret. L'accueil d'un nombre croissant d'immigrants tend toutefois à modifier ce portrait. Les dernières compilations permettent en effet de constater que les Nguyen (nom vietnamien) occupent désormais le 130e rang des noms de famille les plus fréquents, tout juste devant les Gendron, les Boutin et les Laflamme. De la même manière, les Patel, originaires de l'Inde, occupent le 207e rang devant les «pures laines» Marcotte, Béland, Larose et Duval.

Depuis que le Québec a vu le jour, le prénom masculin le plus souvent choisi dans l'ensemble de la population est Michel, suivi de Pierre. Chez les femmes, Louise est le prénom le plus fréquemment attribué, suivi de Sylvie et de Lise. Les 10 prénoms les plus populaires au Québec en 2006 étaient, chez les garçons, William, Samuel, Alexis, Nathan, Thomas, Antoine, Gabriel, Justin, Olivier et Félix; chez les filles, les 10 prénoms qui leur ont été le plus souvent donnés étaient Léa, Jade, Rosalie, Florence, Laurie, Gabrielle, Sarah, Camille, Océane et Laurence. Voulant à tout prix sortir du lot, des parents québécois accolent maintenant à leur progéniture des prénoms comme Caresse, Chenille, Divine, Fauve, Patient ou Victoire!

É*tonnant!*

Il est parfois difficile de composer avec son nom

Au cours des années 1980, le nom de famille composé était très populaire pour les nouveau-nés. D'ailleurs, beaucoup de Québécois portent actuellement des noms composés (du nom de leur père et de leur mère). Plus rares mais véritables sont les Desjardins-Fleury, Dupont-Davignon, Labelle-Binette, Laporte-Barré, Lavoie-Ferré, Lebœuf-Hachey, Legros-Rathé, Lemoyne-Allaire, Morand-Voyer, Tétreault-Cauchon...

Géographie

La **géographie** du Québec

Quelques arpents de neige...

Voici quelques données géographiques qui prouvent que le Québec est bien plus que les *«quelques arpents de neige»* décriés par Voltaire.

Superficie:

1 667 441 km² (3 fois le territoire de la France)

Superficie des eaux:

355 315 km² (21% du territoire)
• 750 000 lacs
• 130 000 ruisseaux
• 3% des réserves d'eau douce mondiale

Superficie de la forêt:

757 000 km² (2% des forêts mondiales)

Superficie agricole:

3 386 800 hectares (2% du territoire)

La géographie du Québec est marquée de trois formations morphologiques d'envergure. D'abord, le puissant et majestueux fleuve Saint-Laurent, le plus important cours d'eau de l'Amérique du Nord à se jeter dans l'Atlantique. Il tire sa source des Grands Lacs et reçoit dans son cours les eaux de grands affluents tels que l'Outaouais, le Richelieu, le Saguenay et la Manicouagan. Principale voie de pénétration du territoire, le fleuve a depuis toujours été le pivot du développement du Québec. Encore aujourd'hui, la majeure partie de la population québécoise se regroupe sur les basses terres qui le bordent, principalement dans la région de Montréal, qui compte près de la moitié de la population du Québec. Cette étroite bande de terre renferme des terres agricoles très fertiles et est considérée comme le grenier du Québec.

Plus au sud, près de la frontière canado-américaine, la chaîne des Appalaches longe les basses terres du Saint-Laurent depuis le sud-est du Québec jusqu'à la péninsule gaspésienne. Les paysages vallonnés de ces régions ne sont pas sans rappeler ceux de la Nouvelle-Angleterre, alors que les montagnes atteignent rarement plus de 1 000 m d'altitude. Dans la péninsule gaspésienne, leurs pics (notamment dans les monts Chic-Chocs) comptent parmi les plus élevés du Québec.

Le reste du Québec, soit environ 80% de son territoire, est formé du Bouclier canadien, une très vieille chaîne de montagnes érodées bordant la baie d'Hudson de chaque côté. Très peu peuplé, le Bouclier canadien est doté de richesses naturelles fabuleuses, de grandes forêts et d'un formidable réseau hydrographique dont plusieurs rivières servent à la production d'électricité. Il est sillonné par plus d'un million de lacs, tourbières, rivières et autres cours d'eau.

Les plus grands lacs naturels

1. Lac Mistassini (2 336 km²) – Baie-James et Eeyou Istchee
2. Lac à l'Eau Claire (1 243 km²) – Nunavik
3. Lac Saint-Jean (1 041 km²) – Saguenay–Lac-Saint-Jean
4. Lac Bienville (987 km²) – Nunavik
5. Lac Minto (596 km²) – Nunavik

Les plus hautes montagnes

1. Mont D'Iberville (1 652 m) – Nunavik
2. Mont Jacques-Cartier (1 268 m) – Gaspésie
3. Mont Jacques-Rousseau (1 261 m) – Nunavik
4. Mont de la Passe (1 231 m) – Gaspésie
5. Mont Rolland-Germain (1 200 m) – Gaspésie

Les plus longues rivières

1. Rivière des Outaouais (1 271 km) – Outaouais
2. Le Saint-Laurent (1 200 km) – De l'Ontario au golfe du Saint-Laurent
3. La Grande Rivière (895 km) – Baie-James et Eeyou Istchee
4. Rivière Nottaway (776 km) – Baie-James et Eeyou Istchee
5. Rivière Rupert (764 km) – Baie-James et Eeyou Istchee

Étonnant!

Il y a tellement de lacs au Québec qu'il a sans doute fallu faire preuve de beaucoup d'imagination pour tous les nommer. Voici quelques exemples de toponymes cocasses: lac Parles-en-Pas, lac J'En-Peux-Plus, lac de l'Air en Cage, lac des Crocs-en-Jambe, lac Crétin, lac du Cabochon. Et pour les amateurs de musique, il y a le lac Saxophone et les lacs Do, Ré, Mi, Fa, Sol, La et Si!

Les zones **climatiques**

Sous l'emprise de la glace

Du 5 au 10 janvier 1998, il tombe sur le sud du Québec près de 100 mm de pluie verglaçante. Au plus fort de la crise du verglas, 997 000 abonnés d'Hydro-Québec sont privés d'électricité, 100 000 personnes se réfugient dans des centres d'hébergement, et 11 000 soldats sont déployés pour aider au nettoyage. Les dégâts sont immenses: 120 000 km de lignes électriques et de câbles téléphoniques, 130 pylônes de transport, environ 30 000 poteaux électriques et des millions d'arbres sont détruits. Il faudra attendre jusqu'au 8 février, 35 jours après le début de la panne, pour que le courant soit rétabli partout.

Sur son immense territoire, le Québec est soumis aux aléas de quatre types de climat. Le climat continental humide, qui sévit sur la portion située au sud du 50ᵉ parallèle, entraîne des étés chauds, des hivers froids et des précipitations abondantes. C'est le climat que connaît la majorité de la population québécoise. Il regroupe des villes aussi éloignées que Montréal, Val-d'Or et Sept-Îles. Le climat subarctique, qui occupe l'espace situé entre les 50ᵉ et 58ᵉ parallèles, offre des hivers plus froids et longs, des étés courts et frais ainsi que de plus faibles précipitations. Il englobe des municipalités comme Blanc-Sablon et Schefferville. À l'Extrême-Nord, le climat arctique garantit des hivers rigoureux entrecoupés de courtes saisons de dégel. À Kuujjuaq, le sol est gelé en permanence, un phénomène dénommé «pergélisol». Finalement, le climat maritime de l'Est est réservé aux îles de la Madeleine, où il adoucit les hivers, rafraîchit les étés et apporte des précipitations importantes.

Records météo

Température la plus élevée: 40°C à Ville-Marie en Abitibi-Témiscamingue, le 6 juillet 1921, et à La Tuque en Mauricie, le 1ᵉʳ août 1975.

Température la plus froide: −54,2°C à Girardville au Saguenay–Lac-Saint-Jean, le 5 février 1923.

Plus importante chute de neige en un jour: 99,1 cm à Cap Whittle sur la Côte-Nord, le 19 mars 1964.

Plus importantes précipitations en 24 heures: 171,5 mm au barrage des Quinze à Angliers, en Abitibi-Témiscamingue, le 30 août 1932.

Vent le plus violent: 201,1 km/h, à Cap Hopes Advance, près de Quaqtaq au Nunavik, le 18 novembre 1931.

La **faune** et la **flore** du Québec

L'immense territoire du Québec s'enorgueillit d'une faune d'une grande richesse. Une multitude d'animaux peuplent ses vastes plaines et forêts, alors que ses mers, lacs et rivières regorgent de poissons et d'animaux aquatiques.

En plus des nombreuses espèces d'invertébrés et des 25 000 espèces d'insectes qui peuplent le territoire, la faune québécoise compte plus de 650 espèces animales, dont quelque 200 espèces de poissons, 20 espèces d'amphibiens, 15 espèces de reptiles, 90 espèces de mammifères et 325 espèces d'oiseaux. Du nombre, les plus connus sont peut-être les castors, les caribous, les orignaux, les cerfs de Virginie (chevreuils), les ours, les grands hérons et les outardes. Sans parler des mammifères marins, comme les rorquals à bosse et les bélugas, des baleines qui viennent se nourrir dans l'estuaire du Saint-Laurent.

Caribou

Ours noir

Orignal

Un insecte populaire

En 1998, la Société d'entomologie du Québec et l'Insectarium de Montréal ont conjointement organisé un concours pour permettre au public de choisir un nouvel emblème naturel pour le Québec: un insecte. Cinq candidats s'affrontent: la coccinelle maculée, la demoiselle bistrée, le bourdon fébrile, la cicindèle à six points et l'amiral. Au terme d'une lutte serrée, l'amiral remporte la victoire par près du tiers des 230 660 votes exprimés. Ce magnifique papillon est reconnaissable aux bandes blanches qui ornent ses ailes noires.

Bélugas

Forêt boréale

La flore québécoise, c'est plus de 7 000 espèces végétales. En fonction de son climat, le territoire québécois est divisé en trois zones de végétation.

- La zone tempérée nordique englobe la forêt mixte constituée de conifères et de feuillus. Elle se déploie le long du fleuve Saint-Laurent jusqu'à la frontière américaine et est riche de nombreuses essences comme le pin blanc, le pin rouge, la pruche, l'épinette, le merisier, l'érable, le bouleau et le tremble.

- La zone boréale, où se dresse la forêt du même nom, constitue une région forestière très homogène où l'on ne trouve que des résineux, dont les principales essences sont l'épinette blanche, l'épinette noire, le sapin baumier, le pin gris et le mélèze.

- Finalement, la zone arctique, gardienne de la toundra, est essentiellement composée d'arbres miniatures, de mousses et de lichens.

Histoire

Quelques pages d'**histoire**

8000 av. J.-C.
Premières traces de peuplement du territoire québécois par des populations autochtones.

1534 Jacques Cartier débarque à Gaspé et prend possession d'un territoire qu'il nomme «Canada» au nom de François Ier, roi de France. Le mandat confié à Cartier se résumait à chercher de l'or et à trouver un passage vers l'Asie. Il ne trouvera ni l'un ni l'autre au cours de ses trois voyages, ce qui incitera la Couronne française à oublier cette contrée au climat inhospitalier pendant plusieurs décennies.

Du déjà vu...

Lors de sa première exploration des côtes de Terre-Neuve et de l'embouchure du fleuve Saint-Laurent, en 1534, Jacques Cartier y croise des navires de pêche basques, normands et bretons. En fait, ces eaux, qui ont d'abord été explorées par les Vikings vers l'an 900, sont déjà, à l'époque des voyages de Cartier, régulièrement visitées par de nombreux baleiniers et pêcheurs de morues provenant de différentes régions d'Europe.

1608 Fondation de Québec par Samuel de Champlain. Cette date marque le début de la présence française en Amérique du Nord, alors qu'un premier poste permanent est érigé sur le territoire actuel de la ville de Québec. Champlain et ses 28 hommes y construisent quelques bâtiments fortifiés: l'Abitation de Québec. Vingt d'entre eux ne survivront pas à leur premier hiver québécois. Lorsque meurt Samuel de Champlain, le jour de Noël 1635, la Nouvelle-France compte environ 300 pionniers.

1634 Fondation de Trois-Rivières par Nicolas Goupil, sieur de Laviolette. Il s'agit alors d'un modeste poste destiné à la traite des fourrures. Il est fréquenté par les Montagnais (Innus), les Algonquins et les Hurons.

1642 Fondation de Montréal par Paul de Chomedey, sieur de Maisonneuve.

1647 Arrivée des Sulpiciens à Montréal. La seigneurie de Montréal leur est concédée.

1663-1673

Arrivée de 900 «filles du Roi». Il s'agit de femmes célibataires en âge de se marier et d'avoir des enfants. Les dépenses associées au transport et à leur établissement en Nouvelle-France sont assumées par le Trésor français.

1701

Traité de la Grande Paix de Montréal avec les Amérindiens. De manière générale, les colons français cohabitent pacifiquement avec les populations amérindiennes. Les nations iroquoiennes constituent l'exception à cette règle. La puissante confédération iroquoise des Cinq Nations lance en effet une vaste campagne militaire qui, entre 1645 et 1655, anéantira toutes les nations rivales. Comptant chacune au moins 10 000 individus, les nations des Hurons, des Pétuns, des Neutres et des Ériés disparaissent presque totalement en l'espace d'une décennie. L'offensive menace même l'existence de la colonie française. En 1660 et 1661, des guerriers iroquois frappent partout en Nouvelle-France, entraînant la ruine des récoltes et le déclin de la traite des fourrures. Louis XIV, roi de France, décide alors de prendre la situation en main. Des militaires français, comme ceux du régiment de Carignan-Salières envoyés en 1665, viendront combattre les Iroquois. Un premier traité de paix est conclu en 1667, mais il faut attendre la paix de 1701 pour trouver une solution au problème. Elle durera 50 ans.

1713

Signature du traité d'Utrecht, qui met fin à la guerre de Succession d'Espagne. La Nouvelle-France perd alors Terre-Neuve, l'Acadie et la baie d'Hudson au profit de l'Angleterre.

1759

Victoire des Britanniques lors de la bataille des plaines d'Abraham et reddition de la ville de Québec. Les généraux des deux camps, Montcalm et Wolfe, meurent lors de la bataille.

Question

Quel est l'événement dramatique qui a marqué le début des négociations du traité de la Grande Paix de Montréal en 1701 entre les autorités françaises et les chefs amérindiens?

Réponse: La mort du chef Kondiaronk. On lui organise des funé-railles presque «nationales», ce qui contribue à rendre le climat des discussions plus serein.

1760 Capitulation de Montréal et de la Nouvelle-France. Un régime militaire britannique est mis en place. La population de la Nouvelle-France s'élève à environ 60 000 habitants, dont 8 967 vivent à Québec et 5 733 à Montréal.

1763 Traité de Paris et Proclamation royale. Le Canada est officiellement cédé à l'Angleterre par la France. Les lois anglaises sont mises en application, et le serment du test est imposé aux catholiques.

1774 Adoption de l'Acte de Québec. Pour mieux résister aux poussées indépendantistes de ses 13 colonies du Sud, qui formeront bientôt les États-Unis d'Amérique, Londres désire accroître son emprise sur le Canada et gagner la faveur de la population. L'Acte de Québec remplace la Proclamation royale de 1763 et inaugure une politique plus accommodante envers les catholiques francophones. La liberté religieuse et les lois civiles françaises sont rétablies, un contexte qui profitera à l'Église catholique, qui deviendra l'un des principaux lieux de pouvoir et d'influence française en terres britanniques. L'Acte de Québec assurera la neutralité des Canadiens face à la Révolution américaine, malgré l'appui tacite de la France qui fournit aux Américains du matériel militaire et qui reconnaîtra leur indépendance en 1777.

1776 Le 4 juillet, le Congrès proclame l'indépendance des États-Unis d'Amérique. La fin de la guerre de l'Indépendance, qui opposait Américains et Britanniques, entraînera l'immigration au Canada de nombreux loyalistes demeurés fidèle à l'Angleterre.

1791 L'Acte constitutionnel divise le Canada en deux provinces. Le Haut-Canada, situé à l'ouest de la rivière des Outaouais, est principalement peuplé d'Anglo-Saxons, et les lois civiles anglaises y ont désormais cours. Le Bas-Canada, qui comprend le territoire de peuplement à majorité française, conserve les acquis de 1774. La loi de 1791 introduit également une amorce de parlementarisme au Canada en créant

Étonnant!

La signature des grands chefs

Les Amérindiens ne maîtrisant pas l'écriture, ils signèrent le traité de la Grande Paix de Montréal en 1701 en dessinant leur animal totem: le Héron, le Brochet, etc.

une Chambre d'assemblée dans chacune des deux provinces. Le dysfonctionnement de ce système sera l'une des causes des rébellions qui toucheront à la fois le Haut-Canada et le Bas-Canada plus de quatre décennies plus tard.

1798 Début de l'immigration irlandaise.

1834 Fondation de la Société Saint-Jean-Baptiste à Montréal par Ludger Duvernay.

1834 Publication des *Quatre-Vingt-Douze Résolutions*, un réquisitoire impitoyable contre la politique coloniale de Londres. Ses auteurs, un groupe de parlementaires conduit par Louis-Joseph Papineau, décident de ne plus voter le budget aussi longtemps que l'Angleterre n'accédera pas à leurs demandes. On souhaite notamment obtenir la responsabilité ministérielle qui permettrait à la chambre d'Assemblée de voter et de faire appliquer ses propres lois. La métropole britannique réagira en mars 1837 par la voie des *Dix Résolutions* de Lord Russell, refusant catégoriquement tout compromis avec les parlementaires du Bas-Canada.

1837-1838
Rébellions des Patriotes. Des difficultés économiques combinées à un système parlementaire dysfonctionnel et des tiraillements linguistiques seront les éléments catalyseurs des rébellions des Patriotes. À l'automne 1837, de violentes émeutes éclatent à Montréal, opposant les Fils de la Liberté, composés de jeunes Canadiens, au Doric Club, formé de Britanniques loyaux. Les affrontements se déplacent par la suite dans la vallée du Richelieu et dans le comté de Deux-Montagnes, où de petits groupes d'insurgés tiennent tête pendant un temps à l'armée britannique avant d'être écrasés dans le sang. L'année suivante, tentant de raviver la flamme indépendantiste, des Patriotes connais-

Le drapeau patriote

Le drapeau des Patriotes a été créé en 1832 pour le Parti patriote dirigé par Louis-Joseph Papineau. Formé de trois bandes horizontales verte, blanche et rouge, et inspiré du tricolore français, ce drapeau aux valeurs démocratiques et républicaines remplace le bleu par le vert pour marquer l'apport des Irlandais, nombreux dans les rangs des Patriotes.

sent le même sort. En 1839, 12 Patriotes montent sur l'échafaud, alors que de nombreux autres sont déportés.

1839 Dépôt du rapport Durham. À la suite des rébellions des Patriotes, Londres envoie un émissaire, Lord Durham, afin d'étudier les problèmes de la colonie et de lui soumettre un rapport. La solution au problème canadien passe à son avis par la création d'un système politique responsable et par l'assimilation graduelle des Canadiens français.

1840 L'Acte d'Union de 1840 s'inspire dans une large mesure des conclusions du rapport Durham. Dans cet esprit, on instaure un parlement unique composé d'un nombre égal de délégués des deux anciennes colonies, même si le Bas-Canada possède une population bien supérieure à celle du Haut-Canada. On unifie également les finances publiques, et enfin la langue anglaise devient la seule langue officielle de cette nouvelle union. Le gouvernement responsable n'est pas encore à l'ordre du jour.

1848 La responsabilité ministérielle est accordée par le gouverneur Lord Elgin. Le parlement du Canada-Uni peut désormais voter et faire appliquer ses propres lois.

1867 Adoption de l'Acte de l'Amérique du Nord britannique. Par la confédération de 1867, l'ancien Bas-Canada reprend forme sous le nom de «Province of Quebec». Trois autres provinces, la Nouvelle-Écosse, le Nouveau-Brunswick et l'Ontario, adhèrent à ce pacte qui unira par

Étonnant!

Donner l'exemple...

Pour dissuader les criminels potentiels, on pratique jusqu'en 1841 la peine du pilori, qui consiste à exposer les criminels à la réprobation publique en les attachant à un poteau ou un pilier muni d'une chaîne et d'un collier de fer. En 1797, un Américain coupable de complot contre le gouvernement est pendu à Québec. Non satisfait de l'exemple offert, le bourreau lui ouvre le ventre et brûle son cœur et ses entrailles sur un réchaud. Il lui coupera ensuite la tête.

la suite un vaste territoire s'étendant de l'Atlantique au Pacifique. Pour les Canadiens français, ce nouveau système politique confirme leur statut de minorité au sein de l'ensemble canadien amorcé par l'Acte d'Union de 1840. La création de deux ordres de gouvernement octroie par contre au Québec la juridiction dans les domaines de l'éducation, de la culture et des lois civiles.

1914 Début de la Première Guerre mondiale. Le gouvernement canadien s'engage aux côtés de la Grande-Bretagne. Un bon nombre de Canadiens français s'enrôlent volontairement dans l'armée, quoique dans une proportion beaucoup plus faible que les autres Canadiens.

1917 Vote sur la conscription obligatoire. Au Québec, la colère gronde: émeutes, bagarres, dynamitages. La population réagit furieusement. Le 1er avril 1918, après cinq jours d'émeute à Québec, l'armée tire sur la foule, faisant quatre morts et 70 blessés. La loi martiale qui suspend les libertés civiles est proclamée trois jours plus tard.

1936 L'Union nationale de Maurice Duplessis forme le gouvernement. La croissance constante de l'économie favorise la stabilité politique, si bien que le chef de l'Union nationale, Maurice Duplessis, demeure premier ministre du Québec de 1936 à 1939, puis de 1944 jusqu'à sa mort, en 1959. Cette période est profondément marquée par la personnalité du «Chef». L'idéologie duplessiste est formée d'un amalgame de nationalisme traditionnel, de conservatisme et de capitalisme débridé. Elle fait l'apologie du monde rural, de la religion et de l'autorité, tout en octroyant aux grandes entreprises étrangères des conditions très favorables à l'exploitation des richesses du territoire.

Un peu de lumière

Le long règne de Maurice Duplessis à la tête du gouvernement québécois, une période qu'on a souvent qualifiée de «grande noirceur», ne fut interrompu qu'une seule fois, par le gouvernement libéral d'Adélard Godbout de 1939 à 1944. En temps de guerre, le gouvernement Godbout mettra en place des mesures progressistes à mille lieues de l'idéologie conservatrice de l'Union nationale. En plus du droit de vote pour les femmes, le gouvernement Godbout vote la loi de l'instruction obligatoire, crée la Commission hydro-électrique du Québec (qui deviendra Hydro-Québec) et prépare un plan universel d'assurance maladie. Cette dernière réforme sera abandonnée par l'Union nationale, qui reprend le pouvoir en 1944 et le conservera pour les 15 années qui suivront.

1940   Les femmes du Québec peuvent désormais voter aux élections provinciales. Elles détiennent le même droit au fédéral depuis 1918 et votent aux élections municipales de Montréal depuis 1929.

1948   Publication du *Refus global*. Malgré la prédominance du discours duplessiste, cette période donne néanmoins lieu à l'émergence d'importants foyers de contestation. Le Parti libéral du Québec ayant de la difficulté à s'organiser, l'opposition se veut alors surtout extraparlementaire. Certains artistes et écrivains témoignent de leur impatience en publiant le *Refus global*, un réquisitoire violent contre l'atmosphère étouffante du Québec d'alors. Mais l'opposition organisée émane surtout de groupes d'intellectuels, de syndicalistes et de journalistes.

1959   Mort de Maurice Duplessis. Paul Sauvé lui succède à titre de premier ministre et de chef de l'Union nationale. Il meurt à son tour en janvier de l'année suivante.

1960   Début de la «Révolution tranquille» avec l'élection de Jean Lesage. Mouvement accéléré de rattrapage, la Révolution tranquille réussit en quelques années à mettre le Québec à «l'heure de la planète». L'État accroît son rôle en prenant à sa charge les domaines de l'éducation, de la santé et des services sociaux. L'Église, dépouillée ainsi de ses principales sphères d'influence, perd alors de son autorité et plonge dans une douloureuse remise en question accentuée par la désaffection massive de ses fidèles.

1967   Exposition universelle de Montréal et visite du général de Gaulle, président de la France, qui déclare du haut du balcon de l'hôtel de ville de Montréal, *Vive le Québec libre!*, alors un slogan des partis indépendantistes québécois.

Question

En quelle année une première femme s'est-elle fait élire comme députée à l'Assemblée nationale?

Réponse: Mae O'Connor est la première femme à s'être portée candidate en 1947. Il faut toutefois attendre 1961 avant qu'une première femme, Marie-Claire Kirkland-Casgrain, ne soit élue. Elle sera nommée au cabinet l'année suivante.

1970 Crise d'octobre et Loi sur les mesures de guerre. Depuis 1963, le Front de libération du Québec (FLQ), un groupuscule désirant accélérer la «décolonisation» du Québec, mène des actions terroristes dans la région de Montréal. En octobre 1970, le FLQ fait un coup d'éclat en kidnappant le diplomate britannique James Cross et le ministre Pierre Laporte, ce qui déclenche une crise politique au pays. Le gouvernement fédéral, prétextant un soulèvement appréhendé, réagit en promulguant la Loi sur les mesures de guerre. L'armée canadienne prend alors position en territoire québécois, et les libertés civiles sont suspendues. Des milliers de perquisitions sont menées et des centaines de personnes emprisonnées sans mandat. Peu de temps après, le ministre Pierre Laporte est retrouvé mort. La crise se termine finalement lorsque les ravisseurs de James Cross acceptent sa libération contre un sauf-conduit vers Cuba.

1975 Adoption de la Charte des droits et libertés de la personne, sous le gouvernement de Robert Bourassa.

1976 Jeux de la XXIᵉ Olympiade à Montréal et formation d'un premier gouvernement souverainiste du Parti québécois. Le parti fondé en 1969, et dirigé par René Lévesque, prend le pouvoir en promettant de tenir un référendum sur la souveraineté du Québec.

1977 Adoption de la Charte de la langue française (projet de loi 101), sous le gouvernement de René Lévesque.

1980 Référendum sur la souveraineté-association (40,4% pour; 59,6% contre).

1982 Rapatriement de la constitution canadienne. Le gouvernement fédéral et les gouvernements de neuf provinces s'entendent sur une formule de modification de la constitution. Le Québec, isolé, refuse de ratifier l'entente.

La question nationale

Dès la confédération de 1867, les relations fédérales-provinciales ont monopolisé la vie politique du pays. Depuis la Révolution tranquille, les gouvernements québécois successifs se sont tous considérés comme les porte-parole d'une nation distincte, réclamant un statut particulier pour le Québec et un accroissement de leurs pouvoirs. Face à cette volonté autonomiste du Québec, le gouvernement fédéral a parfois résisté avec énergie et s'est rarement montré collaborateur. Au tournant des années 1960, un mouvement réclamant l'indépendance politique du Québec prend forme et réussit à obtenir un appui populaire important. La table était mise pour la tenue du débat sur la question nationale.

Chicane de famille

Les trois principaux partis politiques du Québec, le Parti québécois (PQ), le Parti libéral du Québec (PLQ) et l'Action démocratique du Québec (ADQ) ont tous des origines communes. En 1967, des libéraux favorables à la souveraineté du Québec quittent le parti pour fonder une nouvelle formation qui deviendra quelques années plus tard le PQ. Le scénario se répète en 1992, alors que des libéraux quittent à nouveau le parti pour dénoncer la position constitutionnelle de la formation. Cette fois-ci, c'est le rejet du rapport Allaire, rapport qui demandait un transfert considérable de pouvoirs fédéraux vers le Québec, qui mène à la formation de l'ADQ. La preuve qu'au Québec, la politique, c'est une affaire de famille.

1990 Échec de l'Accord du lac Meech. L'accord visait à réintégrer le Québec dans la famille constitutionnelle canadienne en lui accordant un statut particulier.

1992 Référendum sur les Accords de Charlottetown. Les nouvelles offres constitutionnelles sont rejetées avec éclat, mais pour des raisons opposées, tant par la population québécoise que par le reste du Canada. Lors de l'élection fédérale du 25 octobre 1993, le Bloc québécois, un parti favorable à la souveraineté du Québec, remporte plus des deux tiers des circonscriptions électorales du Québec et forme l'opposition officielle au Parlement canadien.

1994 Retour au pouvoir du Parti québécois, dirigé par Jacques Parizeau. Le parti promet de tenir un référendum dans la première année de son mandat.

1995 Second référendum sur la souveraineté du Québec (49,6% pour; 50,4% contre).

2000 La Loi sur la clarté est adoptée au Parlement canadien. Elle impose les conditions qui devont être réunies pour que le gouvernement fédéral accepte de négocier la sécession du Québec. Le gouvernement du Québec réplique en adoptant sa propre loi qui réitère son droit à l'autodétermination.

2007 Le Parti libéral forme un gouvernement minoritaire, avec l'Action démocratique du Québec comme opposition officielle. Le Parti québécois est relégué au rôle de deuxième parti d'opposition.

2008 400ᵉ anniversaire de la fondation de la ville de Québec.

Politique et **économie**

Le système **politique**

Voici la liste complète des partis autorisés par le Directeur général des élections du Québec:

Action démocratique du Québec

Bloc Pot

Parti communiste du Québec

Parti conscience universelle

Parti démocratie chrétienne du Québec

Parti égalité/Equality Party

Parti indépendantiste

Parti libéral du Québec/ Quebec Liberal Party

Parti marxiste-léniniste du Québec

Parti unitaire du Québec

Parti vert du Québec/ Green Party of Quebec

Québec solidaire

Calqués sur le modèle britannique, les systèmes politiques québécois et canadien accordent le pouvoir législatif à un Parlement élu au suffrage universel. À Québec, ce Parlement, que l'on nomme «Assemblée nationale», se compose de 125 députés représentant autant de circonscriptions électorales. Lors d'élections, le parti politique qui a pu faire élire le plus grand nombre de députés forme le gouvernement, et son chef devient le premier ministre. Ces élections se tiennent environ tous les quatre ans. À l'origine, le Parlement québécois disposait d'une seconde chambre, le Conseil législatif, semblable au Sénat canadien, mais elle sera abolie en 1968.

Depuis 1976, deux formations dominent la vie politique québécoise: le Parti québécois et le Parti libéral du Québec. Ce qui distingue ces deux formations politiques, c'est d'abord et avant tout la vision qu'elles ont du statut politique du Québec. Depuis sa naissance, le Parti québécois poursuit l'objectif de faire accéder le Québec à la souveraineté politique. De son côté, le Parti libéral, tout en revendiquant un accroissement des pouvoirs du gouvernement provincial, reste néanmoins attaché au système fédéral canadien. L'Action démocratique du Québec, qui défend une position constitutionnelle à mi-chemin entre celle du PQ et du PLQ, est née en 1992. Elle est sortie de la marginalité lors des élections provinciales de mars 2007, faisant élire 36 députés et devenant du même coup l'opposition officielle d'un gouvernement libéral minoritaire.

Étonnant!

Un véritable animal politique

Parti politique actif de 1963 à 1984, le Parti Rhinocéros du Canada, dont l'arme principale, la dérision, s'acharne à dénoncer le pouvoir de plus en plus dominateur du gouvernement central à Ottawa, avait pour credo «de ne jamais tenir ses promesses». Fondé par l'auteur Jacques Ferron, le parti avait pour chef Cornélius le premier, un rhinocéros domicilié au Zoo de Granby. Voici en vrac quelques-unes des promesses que les Rhinos ont promis de ne jamais réaliser:

Abolir la loi de la gravité;

Abolir l'environnement parce qu'il est trop difficile de le garder propre et qu'il prend trop d'espace;

Rendre les Canadiens plus forts en mettant des stéroïdes dans l'eau;

Transformer le tunnel Louis-Hyppolite La Fontaine en lave-auto gratuit en perçant des trous au plafond;

Interdire le terrible hiver canadien;

Réduire la vitesse de la lumière parce qu'elle va beaucoup trop vite.

Les premiers ministres du Québec depuis 1867

Chauveau, Pierre-Joseph-Olivier	1867-1873	Conservateur
Ouimet, Gédéon	1873-1874	Conservateur
Boucher de Boucherville, Charles-Eugène	1874-1878	Conservateur
Joly de Lotbinière, Henri-Gustave	1878-1879	Libéral
Chapleau, Joseph-Adolphe	1879-1882	Conservateur
Mousseau, Joseph-Alfred	1882-1884	Conservateur
Ross, John Jones	1884-1887	Conservateur
Taillon, Louis-Olivier	1887	Conservateur

Mercier, Honoré (père)	1887-1891	Libéral
Boucher de Boucherville, Charles-Eugène	1891-1892	Conservateur
Taillon, Louis-Olivier	1892-1896	Conservateur
Flynn, Edmund James	1896-1897	Conservateur
Marchand, Félix-Gabriel	1897-1900	Libéral
Parent, Simon-Napoléon	1900-1905	Libéral
Gouin, Lomer	1905-1920	Libéral
Taschereau, Louis-Alexandre	1920-1936	Libéral
Godbout, Joseph-Adélard	1936	Libéral
Duplessis, Maurice Le Noblet	1936-1939	Union nationale
Godbout, Joseph-Adélard	1939-1944	Libéral
Duplessis, Maurice Le Noblet	1944-1959	Union nationale
Sauvé, Joseph-Mignault-Paul	1959	Union nationale
Barrette, Antonio	1960	Union nationale
Lesage, Jean	1960-1966	Libéral
Johnson, Daniel (père)	1966-1968	Union nationale
Bertrand, Jean-Jacques	1968-1970	Union nationale
Bourassa, Robert	1970-1976	Libéral
Lévesque, René	1976-1985	Parti québécois
Johnson, Pierre Marc	1985	Parti québécois
Bourassa, Robert	1985-1994	Libéral
Johnson, Daniel (fils)	1994	Libéral
Parizeau, Jacques	1994-1995	Parti québécois
Bouchard, Lucien	1996-2001	Parti québécois
Landry, Bernard	2001-2003	Parti québécois
Charest, Jean	2003-	Libéral

Un bref portrait de l'**économie** québécoise

L'économie du Québec a longtemps reposé sur l'exploitation des ressources naturelles. Ce n'est plus le cas aujourd'hui, alors que le secteur des services représente 70% du produit intérieur brut (PIB). Le Québec fait notamment bonne figure dans le domaine des sciences et technologies. Il se classe quatrième en Amérique du Nord pour ce qui est du nombre d'entreprises œuvrant dans le domaine des biotechnologies. Il se distingue également dans le secteur des technologies de l'information, plus particulièrement de la télécommunication sans fil et de l'édition de logiciels multimédias. Dans le domaine de l'aérospatiale, le Québec se classe au 6e rang mondial en matière de production, et Montréal figure avantageusement parmi les grands centres mondiaux comme Seattle (États-Unis) et Toulouse (France). L'industrie du transport ferroviaire et routier est également en bonne santé.

Les ressources naturelles

Malgré un relatif déclin, les ressources naturelles demeurent un secteur économique important au Québec. L'exploration minière, stimulée par la demande de pays en émergence comme la Chine, se porte bien. Le Québec se positionne parmi les 10 premiers producteurs mondiaux, et la ressource est abondante, les spécialistes estimant que seuls 40% du potentiel du sous-sol québécois sont actuellement connus. Une trentaine de produits sont exploités, les plus importants étant l'or, le fer, le titane, l'amiante, le cuivre, le zinc et l'argent. D'autre part, l'imposant réseau hydrographique du Québec lui permet de produire de l'hydroélectricité à faible coût. En plus de ses barrages déjà existants, Hydro-Québec a plusieurs projets en cours de construction, notamment sur la rivière Eastmain. La production d'électricité par éoliennes est également en pleine expansion, particulièrement dans l'est du Québec. En 2013, la société d'État prévoit produire 3 500 mégawatts (MW) d'énergie éolienne, soit 7% de la puissance mondiale actuelle.

**Données
sur l'économie
du Québec**

**PIB: 260 milliards de
dollars canadiens**

**PIB par habitant:
37 137 $**

**Revenu personnel
moyen: 30 827 $**

**Taux de chômage: 7%
(novembre 2007)**

Source: Institut de la statistique du Québec 2007

Le déclin de l'industrie forestière

Le tableau n'est toutefois pas sans tache, et certains domaines connaissent des difficultés. C'est notamment le cas du secteur des pâtes et papiers qui traverse une crise profonde. Plusieurs usines en manque de rentabilité ont fermé leurs portes au cours des dernières années. L'impact sur la vie économique de certaines régions monoindustrielles du Québec est énorme. Cette crise s'explique par une combinaison de facteurs comme la hausse rapide du dollar canadien, la diminution des volumes de coupe et la baisse de la demande mondiale en papier et en bois d'œuvre. Le secteur manufacturier est lui aussi durement touché par la montée de la devise, alors qu'il subissait déjà les contrecoups de la mondialisation de l'économie. Incapable de faire face à la compétition de pays en émergence aux coûts de production dérisoires, plusieurs entreprises ont dû se résigner à mettre la clé dans la porte ou à déménager leur production à l'étranger.

Le Québec dans le monde

L'économie du Québec se compare avantageusement aux autres économies de la planète. Elle se classe au 40e rang dans le monde et au 20e rang par rapport aux pays de l'Organisation de coopération et de développement économique (OCDE). La performance économique du Québec est supérieure à celle du Portugal, du Danemark, de la Finlande et de l'Irlande. Son produit intérieur brut (PIB) *per capita* surpasse celui de l'Italie et de l'Espagne. Le Québec est également un grand exportateur. Ses exportations comptent pour 37% de son PIB. Plus de 80% des produits québécois sont destinés aux États-Unis, pour une valeur de 63,7 milliards de marchandises en 2005. Le Québec est d'ailleurs le 7e partenaire économique des Américains. Près de 9% des exportations vont aux pays membres de l'Union européenne. De nouveaux marchés se développent; les exportations vers la Chine et le Mexique ont par exemple augmenté de 770% depuis 1998. D'autre part, Hydro-Québec dispose du plus vaste réseau de transport d'électricité en Amérique du Nord, ce qui lui permet d'exporter de l'électricité dans les provinces voisines et dans les États du Nord-Est américain. La hausse vertigineuse du dollar canadien risque toutefois d'affecter la croissance des exportations dans un avenir rapproché.

 Question

Quelle est l'année de fondation d'Hydro-Québec?

Réponse: En 1944, le gouvernement Godbout exproprie la Montreal Light, Heat & Power et confie sa gestion à une nouvelle société d'État, Hydro-Québec.

Quelques moments-clés de l'**histoire** de l'**économie** québécoise

1614 Fondation de la Compagnie des marchands. Formées d'investisseurs privés, les compagnies obtiennent pour une durée déterminée le monopole sur un territoire donné. En échange des droits exclusifs sur le commerce, elles ont la responsabilité de développer et de gérer le territoire qui leur est concédé. En Nouvelle-France, les compagnies sont également responsables du peuplement.

1665 Jean Talon devient le premier intendant de la colonie. Il met fin aux monopoles des compagnies et cherche à développer l'économie de la colonie. Il favorise l'émergence de l'agriculture, de l'exploration minière, de l'industrie maritime et du vêtement. Il met également en place le commerce triangulaire entre la colonie, les Antilles et la France, qui permet à la Nouvelle-France d'exporter ses surplus.

1738 Les Forges de Saint-Maurice entrent en activité. Le minerai de fer présent dans la seigneurie de Saint-Maurice est utilisé pour la fabrication de divers objets comme des clous, des marmites et des haches. Une première en Nouvelle-France.

1764 Établissement d'une imprimerie à Québec.

1795 L'Angleterre met en place des tarifs préférentiels pour favoriser le commerce du bois avec ses colonies. Les exportations de bois explosent.

1803 Ouverture d'une première usine de pâtes et papiers dans la région de Montréal.

1817 Fondation de la Banque de Montréal.

1821 Début de la construction du canal de Lachine.

Question

Qui est considéré comme le premier véritable économiste québécois?

Réponse: Édouard Montpetit. Il entre en 1910 à l'École des Hautes Études Commerciales de Montréal, où il enseignera pendant 35 années.

1836 Inauguration du premier chemin de fer au Québec. Il relie les villes de La Prairie et de Saint-Jean-sur-Richelieu.

1846 L'Angleterre adopte la politique du libre-échange avec ses colonies. C'est la fin des tarifs préférentiels.

1854 Signature du traité de réciprocité avec les États-Unis. L'entente d'une durée de 10 ans supprime les tarifs douaniers sur certains produits, entre autres le bois et les produits alimentaires.

1867 Naissance de la confédération canadienne. L'Acte de l'Amérique du Nord britannique permet la mise en place d'un vaste marché intérieur qui compensera pour le non-renouvellement du traité de réciprocité.

1900 Fondation des caisses populaires par Alphonse Desjardins.

1901 Inauguration à Shawinigan de la première usine d'aluminium au pays.

1929 Début de la grande crise économique qui ne se résorbera qu'à la fin de la décennie suivante. Le système financier s'effondre, les usines ferment, le chômage explose.

1945 Avec la fin de la Seconde Guerre mondiale, s'amorce une longue période de prospérité économique marquée par la hausse des investissements, de la production et de la consommation.

1963 La nationalisation de l'électricité marque le début de l'intervention de l'État québécois dans le développement économique. La création de la Caisse de dépôt et de placement l'année suivante et de la Société générale de financement en 1962 confirme cette tendance.

1971 Annonce du mégaprojet hydroélectrique de la Baie-James.

1988 Signature de l'accord de libre-échange commercial avec les États-Unis.

1994 Signature de l'Accord de libre-échange nord-américain (ALENA) qui supprime les barrières commerciales entre les marchés des États-Unis, du Mexique et du Canada. Un pas de plus vers la mondialisation des marchés.

2003 Début des travaux de la commission Coulombe sur la gestion de la forêt publique québécoise. La commission recommandera de réduire les droits de coupe, principalement dans la forêt boréale. L'industrie forestière entre dans une période trouble qui mènera à la fermeture de plusieurs usines et à la perte de milliers d'emplois.

2004 Hydro-Québec lance un premier appel d'offres pour 1 000 mégawatts (MW) d'énergie éolienne, qui devra être produite en sol gaspésien.

Culture

Une **architecture** métissée

Le patrimoine architectural du Québec est diversifié, il mélange l'ancien et le moderne et multiplie les styles. L'architecture des débuts de la colonie est d'une grande simplicité. Elle cherche avant tout à assurer la survie des colons et ne dispose que de ressources, humaines et matérielles, très limitées. Les nombreux immigrants américains, écossais et irlandais qui arrivent au Québec après 1760 apportent avec eux leurs propres traditions architecturales qui se marieront graduellement aux traditions françaises pour donner naissance à des pratiques nouvelles. Le Québec n'est pas non plus perméable à ce qui se passe ailleurs dans le monde. On retrouve un peu partout sur le territoire l'empreinte des grands styles qui ont marqué les architectures européennes et américaines.

Les grands travaux publics

Des architectes européens et américains réputés ont également apporté leur contribution. Ils dessineront par exemple plusieurs des tours montréalaises, donnant au centreville de la métropole sa configuration actuelle, très nord-américaine. L'Exposition universelle tenue à Montréal en 1967 a été l'occasion de doter cette ville, et le Québec entier, d'une architecture internationale, audacieuse et exemplaire. La Révolution tranquille des années 1960 correspond aussi à l'explosion des banlieues où les maisons individuelles règnent en roi et maître. À la même époque, on procède à la construction d'infrastructures publiques majeures, autoroutes, hôpitaux, écoles, etc. Au début des années 1980, c'est le retour du balancier, et les formes du passé reprennent vie à travers le postmodernisme. Parallèlement à ce retour vers les traditions, on assiste avec les années 1990 à la naissance d'une architecture nouvelle ultramoderne faisant appel à des matériaux nouveaux, à l'informatique et à l'électronique.

Étonnant!

Pendant longtemps, les rivières, et surtout le fleuve Saint-Laurent, serviront de routes en Nouvelle-France. Il faut attendre 1734 pour que soit enfin inaugurée une route de terre carrossable entre Montréal et Québec. Le chemin du Roy, comme on l'appelle encore aujourd'hui, n'était praticable qu'en été, le fleuve reprenant son statut de voie de communication principale l'hiver venu. En 1750, il fallait compter jusqu'à cinq jours pour se rendre de Québec à Montréal par la route.

Le patrimoine religieux

Tout au long de son histoire, l'architecture québécoise a accordé une place de choix au patrimoine religieux. Les églises, presbytères et autres séminaires que les autorités religieuses ont fait bâtir au fil des siècles constituent certains des plus beaux joyaux de notre patrimoine et témoignent du travail des meilleurs architectes d'ici. On y trouve de tout et dans tous les styles, de la plus humble chapelle à la plus extravagante cathédrale, du classicisme le plus conservateur au modernisme le plus éclaté.

Quelques grands architectes québécois

Les Baillairgé (1726-1906). La famille Baillairgé, soit Jean (1726-1805), François (1759-1830), Thomas (1791-1859) et Charles (1826-1906), est unique dans l'histoire de l'architecture québécoise. Ils œuvreront ensemble ou séparément sur de nombreux projets civils et religieux. Jean, Thomas et François travailleront tous à la décoration intérieure de la basilique-cathédrale Notre-Dame de Québec. Charles, le neveu de Thomas, réalisera les plans de nombreux projets d'envergure, notamment ceux de la terrasse Dufferin et du parc des Champs-de-Bataille à Québec.

Louis-Amable Quévillon (1749-1823). Menuisier de formation, Quévillon réalisa de nombreuses pièces de mobilier religieux. Il forma également plusieurs générations de maîtres-sculpteurs qui s'adonneront à l'ornementation des églises de la région de Montréal. On lui doit l'aménagement intérieur des églises de Verchères, de Saint-Marc-sur-Richelieu et de Saint-Mathias.

Victor Bourgeau (1809-1888). Architecte de grande réputation, Bourgeau a signé les plans de plus de 200 bâtiments, surtout religieux. On lui doit notamment l'église Sainte-Rose-de-Lima à Laval et les cathédrales L'Assomption à Trois-Rivières et Marie-Reine-du-Monde à Montréal. Il travailla également à la décoration de la basilique Notre-Dame à Montréal.

Joseph Ferdinand Peachy (1830-1903). En début de carrière, Peachy travaille avec Thomas et Charles Ballairgé. Lorsqu'il fonde sa propre agence en 1866, il s'intéresse au style Second Empire, qui évoque l'architecture parisienne sous Napoléon III. Il connaîtra un succès fulgurant et réalisera plusieurs églises et édifices publics et plus de 200 résidences privées.

Ernest Cormier (1885-1980). D'abord formé comme ingénieur à Montréal, Cormier poursuit sa formation en Europe, notamment à l'École des beaux-arts de Paris. De retour au pays, il devient en 1925 l'architecte de l'Université de Montréal. Il dessine le plan du campus et supervise la construction de l'immeuble principal, que plusieurs considèrent comme le premier édifice moderne du Québec. Adepte d'un classicisme épuré, il réalisa tout au long de sa carrière plusieurs projets de bâtiments publics comme la Cour suprême du Canada, l'annexe du palais de justice de Montréal (aujourd'hui l'édifice Ernest-Cormier), l'immeuble de l'Imprimerie nationale du Canada, le Grand séminaire de Québec, ainsi que plusieurs écoles et églises.

Quelques incontournables du paysage québécois

Le Complexe olympique de Montréal: œuvre de l'architecte français Roger Tallibert, spécialisé dans le développement d'équipement sportif, le Complexe olympique, qui comprend à l'origine un stade, un vélodrome et un centre de natation, est terminé tout juste à temps pour le déroulement des jeux de 1976. Le mât et le toit du stade ne seront toutefois complétés qu'en 1987. Les 175 mètres de hauteur et les 45 degrés d'inclinaison du mât en font la plus haute tour inclinée du monde.

Le Château Frontenac: véritable symbole de la ville de Québec, le château construit par le Canadien Pacifique ouvre ses portes en 1893. L'hôtel est construit selon les plans de l'architecte américain Bruce Price, qui s'inspire du style des châteaux français tout en y intégrant la touche de l'éclectisme en vogue à l'époque. Différentes transformations auront lieu au fil des années, toujours dans le respect du style initial. Price réalisa également les plans des gares Viger et Windsor de Montréal.

Habitat 67: réalisé à la Cité-du-Havre, à Montréal, par l'architecte Moshe Safdie, Habitat 67 s'inspire des blocs Lego pour créer un ensemble d'habitations à la géométrie très libre. L'architecte avait imaginé ce concept lors de ses études à l'université McGill de Montréal. L'ensemble compte 158 appartements qui bénéficient tous d'une terrasse privée, installée sur le toit d'un autre logement. Safdie réalisera plus tard les plans du Musée

Question

Quel est le plus haut gratte-ciel du Québec?

Réponse: Le 1000 De La Gauchetière à Montréal. Le bâtiment construit en 1992 a 205 m de haut et compte 51 étages.

de la civilisation à Québec, puis ceux du nouveau pavillon du Musée des beaux-arts de Montréal.

La basilique Notre-Dame de Montréal: l'architecte new-yorkais James O'Donnell est choisi pour superviser la construction de ce qui est aujourd'hui considéré comme l'un des joyaux de l'architecture québécoise. La construction du bâtiment se termine en 1829. Victor Bourgeau s'occupera à partir de 1870 de réaménager la décoration intérieure de la basilique.

Le manoir Richelieu: lorsque les flammes réduisent en cendres le premier manoir de bois en 1928, la décision est prise de reconstruire un hôtel au même endroit, à Pointe-au-Pic, près de La Malbaie. Le nouveau manoir sera de style «château normand français» avec tours et tourelles et aura une capacité d'accueil de 600 personnes. La tâche est confiée à l'architecte canadien John S. Archibald. En 1929, l'hôtel ouvre ses portes.

Le Musée canadien des civilisations à Gatineau: l'architecte canadien d'origine autochtone Douglas J. Cardinal voulait un bâtiment qui «reflète la naissance de notre continent, ses formes sculptées par le vent, les cours d'eau et les glaciers». Pour y arriver, il a opté pour des formes architecturales qui rappellent la nature et conçu un édifice fait de courbes et d'ondulations. L'extérieur du bâtiment est fait de pierre calcaire du Manitoba, de grandes parois de verre et d'une toiture en cuivre. L'ensemble est installé à l'intérieur d'un parc de 9,6 ha au bord de la rivière des Outaouais.

La Place Ville Marie: le complexe de la Place Ville Marie, œuvre de l'architecte américain Ieoh Ming Pei, fut construit entre 1958 et 1962. L'édifice qui forme une immense croix de 42 étages est rapidement devenu le symbole du Montréal moderne. Cruciforme, sa structure symbolise la ville catholique dédiée à Marie.

Étonnant!

Depuis 1994, la Ville de Montréal limite par réglementation la hauteur des gratte-ciel à celle du mont Royal, qui atteint 233 mètres, afin de conserver la prédominance de la montagne dans le paysage montréalais.

Littérature et théâtre

Les premières publications québécoises font l'éloge de la vie à la campagne, loin de la ville et de ses tentations. Les romans d'Antoine Gérin-Lajoie (*Jean Rivard le défricheur*, 1862, et *Jean Rivard, économiste*, 1864) en sont le parfait exemple. Ce traditionalisme continuera de marquer profondément la création littéraire jusqu'en 1930. En poésie, l'École littéraire de Montréal, plus particulièrement Émile Nelligan, qui s'inspire entre autres des œuvres des symbolistes et de Baudelaire, fait contrepoids au courant dominant pendant quelque temps.

Un changement fondamental va s'opérer au cours des années de la crise économique et de la Seconde Guerre mondiale. On voit graduellement apparaître le thème de l'aliénation des individus, et la ville devient le cadre de romans, comme c'est le cas de *Bonheur d'occasion* (1945) de la Franco-Manitobaine Gabrielle Roy (qui a vécu la plus grande partie de sa vie au Québec) et de *Au pied de la pente douce* (1945) de Roger Lemelin. Le modernisme s'affirme franchement à partir de la fin de la guerre. Yves Thériault, auteur très prolifique, publie entre autres, de 1944 à 1962, contes et romans inuits et amérindiens (*Agaguk*, 1958; *Ashini*, 1960), qui marqueront toute une génération de Québécois. La poésie connaît une période d'or grâce à une multitude d'auteurs, notamment Gaston Miron, Alain Grandbois, Anne Hébert, Rina Lasnier et Claude Gauvreau. On assiste également à la véritable naissance du théâtre québécois grâce à la pièce *Tit-Coq* de Gratien Gélinas, qui sera suivie d'œuvres variées, dont celles de Marcel Dubé et de Jacques Ferron.

La Révolution tranquille «démarginalise» les auteurs. Une multitude d'essais, tel *Nègres blancs d'Amérique* (1968) de Pierre Vallières, témoignent de cette période de remise en question, de contestation et de bouillonnement culturel. Au cours de cette époque, véritable âge d'or du roman, de nouveaux noms, entre autres ceux de Marie-Claire Blais (*Une saison dans la vie d'Emmanuel*, 1965), Hubert Aquin (*Prochain épisode*, 1965) et Réjean Ducharme (*L'avalée des avalés*, 1966), s'ajoutent aux écrivains de la période précédente. La poésie triomphe, alors que le théâtre, marqué particuliè-

Question

Quel est le premier roman québécois à avoir été publié?

Réponse: L'influence d'un livre de Philippe Aubert de Gaspé. Le roman est paru en 1837.

rement par l'œuvre de Marcel Dubé et par l'ascension de nouveaux dramaturges comme Michel Tremblay, s'affirme avec éclat. Parmi les plus brillants représentants du théâtre québécois d'aujourd'hui figurent André Brassard, Robert Lepage, Denis Marleau, Lorraine Pintal, René-Richard Cyr, Normand Chaurette, René-Daniel Dubois, Michel-Marc Bouchard et Wajdi Mouawad.

Deux grands poètes

Émile Nelligan (1879-1941), né à Montréal, devient membre de l'École littéraire de Montréal en 1897. Deux ans plus tard, il est interné dans un hôpital psychiatrique, jusqu'à sa mort, en raison d'une «dégénérescence mentale». Entre-temps, il aura eu le temps d'écrire de merveilleux poèmes, notamment «la Romance du vin», «le Vaisseau d'or» et «Devant deux portraits de ma mère».

Gaston Miron (1928-1996), né à Sainte-Agathe-des-Monts, s'installe à Montréal à 19 ans. En 1953, avec Gilles Carle et d'autres amis, il fonde la maison d'édition l'Hexagone, qui est aussi un lieu de rencontre pour poètes et artistes. Puis il écrit ses grands cycles poétiques: «La vie agonique», «La marche à l'amour» et «La batèche». Suivra un beau recueil de ses poèmes en 1970: *L'Homme rapaillé*.

Quelques grands auteurs contemporains

Anne Hébert (1916-2000), née à Sainte-Catherine-de-la-Jacques-Cartier, dans la région de Québec, publie dès 1939 ses premiers poèmes et, en 1942, son premier livre, *Les Songes en équilibre*. Elle s'installe en France en 1967, puis revient vivre au Québec à partir de 1997. Elle a entre autres publié *Kamouraska* en 1971 et *Les Fous de Bassan* en 1998, deux romans qui furent adaptés au cinéma.

Jacques Ferron (1921-1985), né à Louiseville, dans la région de la Mauricie, étudie la médecine à l'Université Laval de Québec. En 1962, ses *Contes* connaissent un grand succès qui consacrera l'écrivain. Fondateur du Parti Rhinocéros, il s'est aussi voué à un livre sur la folie, *Le pas de Gamelin*, projet qui restera inachevé mais d'où sortiront ses derniers livres et ses contes d'adieu.

Hubert Aquin (1929-1977), né à Montréal, publie son premier livre en 1965: *Prochain épisode*, dans lequel il fait entrer le lecteur dans un monde où plusieurs choses ne sont jamais dites, mais seulement présumées. Cet ouvrage demeure la plus connue de ses œuvres. Hubert Aquin a mis fin à

Autres temps, autres mœurs

En 1694, le gouverneur Frontenac souhaite monter le *Tartuffe* de Molière, mais les autorités religieuses s'y opposent, qualifiant les comédies de ce genre d'«*absolument mauvaises et criminelles*». Les ecclésiastiques auront gain de cause, et la production sera abandonnée.

En 1978, la présentation de la pièce *Les fées ont soif* de Denise Boucher au Théâtre du Nouveau Monde (TNM) à Montréal crée tout un émoi. La pièce féministe choque, et l'Église tente de la faire interdire. Malgré les manifestations publiques et les pressions politiques, le TNM ira de l'avant et présentera la pièce.

ses jours après avoir laissé une note dans laquelle il dit avoir vécu intensément et que c'est terminé.

Marie-Claire Blais (1939-), née à Québec, publie en 1959 son premier roman, *La Belle Bête*, qui s'impose par sa qualité mais aussi par son aspect amoral dans un Québec encore sous l'influence du clergé. Il a été adapté au cinéma en 2006. Son œuvre compte des romans, des traductions, des pièces de théâtre ainsi que des scénarios pour la radio et la télévision. Plusieurs de ses superbes romans ont été traduits à travers le monde.

Yves Beauchemin (1941-), né à Noranda, en Abitibi, arrive à Montréal en 1962. Son roman *L'Enfirouapé* lui vaut une entrée remarquée sur la scène littéraire québécoise en 1974. Toutefois, c'est *Le Matou*, publié en 1981, qui le rendra célèbre: ce roman est vendu à plus d'un million d'exemplaires et sera traduit en 17 langues, un record. Il sera porté au grand écran en 1985: c'est la consécration.

Réjean Ducharme (1941-), né à Saint-Félix-de-Valois, dans la région de Lanaudière, publie en 1966 son premier roman, *L'Avalée des avalés*, puis un deuxième, le *Nez qui voque*. En 1968, *Ines Pérée et Inat Tendu* et le *Cid maghané* constituent ses premiers contacts avec l'écriture théâtrale. Suivront entre autres *L'Hiver de force* et *Les Enfantômes*, et des scénarios de films.

Michel Tremblay (1942-), né à Montréal, est aussi bien une figure dominante du théâtre québécois qu'un romancier. En 1964, il rencontre André Brassard, qui deviendra le metteur en scène des nombreuses pièces de théâtre qu'il écrit. Dans ses romans, les personnages de Michel Tremblay restent lucides et sincères, même en plein cœur de leur monologue. C'est ce qui les rend si attachants.

Victor-Lévy Beaulieu (1945-), né à Saint-Paul-de-la-Croix, dans la région de Rivière-du-Loup, est bien connu pour sa verve. Sa carrière d'écrivain commence en 1969, avec la parution du roman *Mémoires d'outre-tonneau*. Il a également publié de nombreux essais, a écrit pour la radio et a eu beaucoup de succès avec ses beaux téléromans: *Race de monde*, *L'Héritage*, *Montréal P.Q.* et *Bouscotte*.

Prix des libraires

Créé en 1994 par l'Association des libraires du Québec et le Salon international du livre de Québec, le Prix des libraires du Québec honore chaque année une œuvre qui a retenu l'attention par son originalité et la qualité de son écriture.

2007 Jean-François Beauchemin – *La Fabrication de l'aube* (Québec/Amérique)

2006 Nicolas Dickner – *Nikolski* (Alto)

2005 Jean Barbe – *Comment devenir un monstre* (Leméac)

2004 Lise Tremblay – *La héronnière* (Leméac)

2003 Gaétan Soucy – *Music-Hall!* (Boréal)

2002 Sylvain Trudel – *Du mercure sous la langue* (Les Allusifs)

2001 Gil Courtemanche – *Un dimanche à la piscine à Kigali* (Boréal)

2000 Nadine Bismuth – *Les Gens fidèles ne font pas les nouvelles* (Boréal)

1999 Marie Laberge – *La cérémonie des anges* (Boréal)

1998 Bruno Hébert – *C'est pas moi, je le jure* (Boréal)

1997 Marie Laberge – *Annabelle* (Boréal)

1996 Ying Chen – *L'Ingratitude* (Leméac/Actes Sud)

1995 Michel Tremblay – *Un ange cornu avec des ailes de tôle* (Leméac)

1994 Monique Proulx – *Homme invisible à la fenêtre* (Boréal)

Question

Combien d'exemplaires de sa saga *Le goût du bonheur* l'auteure Marie Laberge a-t-elle vendus?

Réponse: Plus de 500 000, un cas d'exception dans l'histoire littéraire du Québec.

Les arts **visuels**

Extrait du *Refus global,* 1948

Les amis du régime nous soupçonnent de favoriser la «Révolution». Les amis de la «Révolution» de n'être que des révoltés: «...nous protestons contre ce qui est, mais dans l'unique désir de le transformer, non de le changer.»

Paul-Émile Borduas et 15 autres signataires

Tout comme en littérature, les débuts des arts visuels en terres québécoises se font sous le signe du traditionnalisme. Des artistes vont tranquillement se détacher de ce conservatisme pour explorer de nouvelle voies. On pense par exemple au peintre Ozias Leduc et au sculpteur bien nommé Alfred Laliberté. Tous deux démontrent une tendance à l'interprétation subjective de la réalité. Les œuvres de James Wilson Morrice, que plusieurs considèrent comme le précurseur de l'art moderne au Québec, laissent entrevoir une certaine perméabilité aux courants européens. L'art moderne québécois revendique un véritable accès à la modernité grâce aux chefs de file que sont Alfred Pellan et Paul-Émile Borduas. À partir des années 1950, le non-figuratif s'impose sous la forme de l'expressionnisme abstrait et de l'abstraction géométrique. Le figuratif ne disparaît pas pour autant mais se transforme: il devient le nouveau figuratif. Si les tendances de l'après-guerre s'imposent toujours dans les années 1960, le domaine de la gravure et de l'estampe connaît un essor certain, les *happenings* se popularisent, et l'on commence à mettre les artistes à contribution dans l'aménagement des lieux publics. La diversification des procédés et des écoles devient réelle à partir du début des années 1970, jusqu'à présenter aujourd'hui une image très éclatée de l'art visuel.

Question

Quelle toile du célèbre peintre québécois Jean Paul Riopelle a été vendue, en novembre 2006, à un prix record de près de 1,7 million de dollars?

Réponse: Il était une fois une ville.

Quelques artistes marquants

Jean Paul Lemieux (1904-1990), né à Québec, étudie à l'École des beaux-arts de Montréal de 1926 à 1934. Engagé comme professeur de 1937 à 1965, il enseigne à l'École des beaux-arts de Québec. Ses toiles s'inspirent de la vie quotidienne, de portraits de sa parenté, de scènes de village ou de paysages québécois, notamment ceux de la région de Charlevoix. L'ensemble de son œuvre revêt un caractère empreint de sérénité.

Paul-Émile Borduas (1905-1960), né à Mont-Saint-Hilaire, en Montérégie, fait ses beaux-arts à Montréal de 1923 à 1927, puis poursuit ses études aux ateliers d'art sacré à Paris. De retour à Montréal, il obtient un poste à l'École du meuble en 1937 et développe «l'art automatiste». En 1948, il publie, avec d'autres artistes, le *Refus global*, pour dénoncer la pensée conservatrice, la religion et le nationalisme de droite du gouvernement Duplessis.

Alfred Pellan (1906-1988), né à Québec, a fait ses études à l'École des beaux-arts de Québec. Installé à Montréal au milieu des années 1940, il est de plus en plus attiré par le surréalisme: son imagerie devient plus érotique et ses peintures, aux couleurs toujours saisissantes, deviennent plus grandes, plus complexes et plus texturées. À partir de 1955, expositions et commandes de murales établissent sa renommée.

Charles Daudelin (1920-2001), né à Granby, dans les Cantons-de-l'Est, a fréquenté l'École du meuble de Montréal entre 1939 et 1941. Dès lors, la brillante carrière de ce jeune artiste débute. Sculpteur, il s'affirme comme un pionnier de l'intégration de l'art à l'espace public et à l'architecture. Nombre de ses œuvres sont installées dans des lieux publics et figurent dans les collections de la plupart des musées d'envergure du Québec.

Jean Paul Riopelle (1923-2002), né à Montréal, a reçu sa formation auprès de deux maîtres. Le premier, Henri Bisson, est un peintre académique. Mais le second, Paul-Émile Borduas, se veut à l'avant-garde. D'ailleurs, Riopelle se joindra au groupe des Automatistes de Borduas et exposera à Montréal avec eux, en 1946 et en 1947, puis signera le manifeste du *Refus global* en 1948. Finalement, il connaîtra la célébrité à Paris.

Marcelle Ferron (1924-2001), née à Louiseville, dans la région de la Mauricie, commence ses études à l'École des beaux-arts de Québec, mais elle est expulsée à la suite d'une divergence avec le professeur Jean Paul Lemieux. En 1953, elle quitte le Québec pour Paris, où elle découvre un milieu stimulant qui lui permet de faire connaître ses peintures sur la scène internationale. Sa longue carrière prendra son envol dans les années 1960.

Françoise Sullivan (1925-), née à Montréal, étudie de 1941 à 1945 à l'École des beaux-arts de Montréal. En 1943, on lui demande de participer à l'exposition Les Sagittaires à la galerie Dominion de Montréal, un événement qui aurait joué un rôle fondamental dans la formation du groupe des Automatistes. Danseuse, elle se rend à New York en 1946 pour étudier la danse moderne, et elle y organisera une exposition des œuvres des Automatistes.

Armand Vaillancourt (1929-), né à Black Lake, dans la région de Chaudière-Appalaches, a fait ses études à l'École des beaux-arts de Montréal. Innovateur dans l'utilisation des techniques et des matériaux, il poursuit une quête sociale en dénonçant l'injustice, la violence et le racisme dans le monde. Il a conçu plusieurs sculptures pour des places publiques. Depuis les années 1990, il crée des œuvres harmonisant nature et sculpture.

Étonnant!

La murale du Grand Théâtre de Québec

En 1971, lors de l'inauguration du Grand Théâtre de Québec, on dévoile également une fresque monumentale (50 tonnes de béton sur plus de 1 000 m^2) du sculpteur Jordi Bonet qui orne l'un des murs intérieurs de l'édifice. Les thèmes de cette œuvre en triptyque évoquent la mort, l'espace et la liberté, qui représentent respectivement le passé, le présent et le futur.

Jordi Bonet a fait ajouter à son œuvre une parole bouleversante du poète Claude Péloquin qui soulèvera une vive controverse: *Vous êtes pas écœurés de mourir, bande de caves? C'est assez!* Certains bien-pensants souhaitent faire effacer la phrase qui, selon eux, est vulgaire et indigne d'un lieu de culture. Ils remettront une pétition signée de 8 000 noms au ministère des Affaires culturelles. Trop peu, trop tard... L'écrit polémique résistera à la censure.

Musique et chanson

La chanson, qui a toujours été un élément important du folklore québécois, connaît un nouvel essor dans l'entre-deux-guerres, avec la généralisation de la radio et l'amélioration de la qualité des enregistrements. Des artistes comme Ovila Légaré, la Bolduc et le Soldat Lebrun seront parmi les premiers à obtenir la faveur du public. Avec la Révolution tranquille, des chansonniers comme Claude Gauthier, Claude Léveillée, Jean-Pierre Ferland, Gilles Vigneault et Félix Leclerc font vibrer les «boîtes à chansons» du Québec par des textes fortement teintés d'affirmation nationale et culturelle. À partir de la fin des années 1960, la chanson d'ici se permet d'aller dans toutes les directions et d'explorer tous les styles. Des artistes tels que Robert Charlebois et Diane Dufresne produisent des œuvres éclatées qui empruntent autant aux musiques américaines et britanniques qu'à la chanson française, alors que Leonard Cohen fait sa marque sur la scène internationale en anglais. Aujourd'hui, cette diversité caractérise toujours la musique québécoise, qui vibre aux rythmes aussi éclectiques des Jean Leclerc, Pierre Lapointe, Les Cowboys Fringants, Malajube, Arcade Fire ou Céline Dion, pour n'en nommer que quelques-uns.

La musique québécoise ne se limite toutefois pas à la chanson. Le Québec a notamment produit plusieurs grands musiciens de jazz, que ce soit les légendes que sont Oscar Peterson, Oliver Jones et Paul Bley, ou les artistes plus expérimentaux que sont René Lussier et Jean Derome. La musique classique n'est pas en reste, avec notamment le grand compositeur que fut André Mathieu, des musiciens de la trempe d'Alain Lefèvre et de Louis Lortie, sans oublier le chef d'orchestre Yannick Nézet-Séguin.

Quelques albums marquants

Robert Charlebois/Louise Forestier (Robert Charlebois et Louise Forestier, 1968). L'album qui a ni plus ni moins révolutionné la musique québécoise. Délaissant la tradition chansonnière, il mélange des textes surréalistes souvent en joual avec une musique aux accents rock, jazz et psychédéliques.

Songs of Leonard Cohen (Leonard Cohen, 1968). Cet album jette les bases d'une œuvre qui ne cessera de nous émerveiller par sa sensibilité. Si la musique est minimaliste et la voix de Cohen monocorde, les textes et les mélodies révèlent une profondeur et une invention dignes des plus grands.

***Jaune* (Jean-Pierre Ferland, 1970).** Déjà populaire à l'époque comme chansonnier, Jean-Pierre Ferland s'engageait dans la voie de la modernité en 1970 avec cet album, son chef-d'œuvre. La production et les arrangements d'André Perry permettent de savourer les textes et les mélodies d'un Ferland plus qu'inspiré.

***Beau Dommage* (Beau Dommage, 1974).** Pour d'autres formations, cet ensemble de chansons constituerait sans doute une compilation de leurs plus grands succès. Pour Beau Dommage, il ne représente que le premier et sans doute le meilleur d'une série d'albums qui ont marqué les années 1970.

Composer pour la Môme

En 1959, répondant à l'appel d'Édith Piaf qui l'a découvert lors d'un passage à Montréal, le pianiste et compositeur Claude Léveillée se rend à Paris pour la grande dame de la chanson française. Il restera confiné dans l'appartement de Piaf pour une période de 10 mois pendant laquelle il composera, pour son répertoire, des pièces comme *Les vieux pianos*, *Boulevard du crime*, *Ouragan*, *La vie* et *Le long des quais*.

***L'Heptade* (Harmonium, 1977).** Si Harmonium est parfois perçu comme le summum du cliché hippy, la complexité des arrangements et la singulière beauté des harmonies vocales de cet album ne manquent pas d'émerveiller. À redécouvrir sans préjugés.

***À qui appartient l'beau temps?* (Paul Piché, 1977).** Rares sont les fêtes populaires ou manifestations politiques où l'on n'entend pas au moins une pièce de cet album emblématique, le premier de Paul Piché.

***Le trésor de la langue* (René Lussier, 1989).** Avec cette transposition musicale du parler québécois, René Lussier signe ici l'une des grandes réalisations artistiques de la province. S'il demeure difficile d'approche, peu d'albums dressent un portrait aussi fascinant de l'identité québécoise.

***L'amour est sans pitié* (Jean Leloup et la Sale Affaire, 1991).** Au début des années 1990, Jean Leloup, qui se dénomme aujourd'hui Jean Dead Wolf Leclerc, fait un pied de nez à une scène musicale québécoise devenue un peu trop proprette avec cet album. Impossible de ne pas vouloir danser à l'écoute de «Cookie», «Isabelle» ou l'excellente chanson-titre.

***F# A# ∞* (Godspeed You Black Emperor!, 1998).** C'est le premier album d'une formation montréalaise qui en influencera plusieurs sur la scène internationale, tant pour leurs crescendos à l'emporte-pièce que pour leurs pratiques commerciales résolument indépendantes.

Le **cinéma**

Il faut attendre l'après-guerre pour que naisse un authentique cinéma québécois. Entre 1947 et 1953, des producteurs privés portent à l'écran des œuvres populaires telles que *La petite Aurore, l'enfant martyre* en 1951 et *Tit-Coq* en 1952. Malheureusement, l'entrée en force de la télévision au début des années 1950 porte un dur coup au cinéma naissant qui stagnera par la suite pendant une décennie complète. Sa renaissance est largement tributaire à la venue de l'Office national du film (ONF) à Montréal en 1956. C'est dans les studios de l'ONF, particulièrement avec la création de la Production française en 1964, que se formeront certains des plus grands cinéastes québécois comme Michel Brault, Claude Jutra, Gilles Carle, Pierre Perreault et Denys Arcand, pour ne nommer que ceux-là. Si le cinéma québécois de ces dernières années est toujours marqué par une production variée de films de création ou d'auteur, on assiste également à une volonté affichée des producteurs et des réalisateurs de toucher un large public et de faire grimper les recettes avec des œuvres plus commerciales. En parallèle de l'industrie cinématographique, la démocratisation des moyens de production a permis à une nouvelle génération de cinéastes de se mettre au monde sans trop avoir à se soucier des budgets de production. Un mouvement comme Kino, créé à Montréal et dont les méthodes sont désormais répandues un peu partout sur la planète, en est le parfait exemple, comme en témoigne sa devise: *Faire bien avec rien, faire mieux avec peu et le faire maintenant.*

Quelques films marquants

Pour la suite du monde (Pierre Perrault et Michel Brault, 1963). L'une des plus grandes réussites du cinéma direct. Ce style documentaire cherche à capter sur le terrain la parole et le geste de l'homme en action et de les restituer honnêtement à l'écran.

Mon oncle Antoine (Claude Jutra, 1971). Considéré par plusieurs comme le meilleur film québécois de l'histoire, il contribue à bâtir la réputation de notre cinéma à l'étranger.

La vraie nature de Bernadette (Gilles Carle, 1972). Un des meilleurs films de Gilles Carle, sur le thème de la nature qui n'existe plus.

Les Ordres (Michel Brault, 1974). Le film mêle habilement les techniques du documentaire héritées de l'expérience du cinéma direct et la fiction.

Le Déclin de l'empire américain (Denys Arcand, 1986). Remarquablement bien écrit et joué, le film obtient un succès international sans précédent dans l'histoire du cinéma québécois. Récompensé à Cannes, le film sera un candidat malheureux pour l'Oscar du meilleur film en langue étrangère.

Les bons débarras (Francis Mankiewicz, 1980). Tiré d'un scénario de l'écrivain Réjean Ducharme, le film met en scène, dans un milieu social difficile et isolé, la lutte machiavélique d'une jeune fille pour obtenir l'amour exclusif de sa mère. Le film remportera huit prix Génie (décernés par l'Académie canadienne du cinéma et de la télévision) dont celui du meilleur film canadien et révélera le talent de ses deux comédiennes principales, Marie Tifo et la jeune Charlotte Laurier.

Cosmos (1996). Film collectif produit par Roger Frappier, il fera découvrir au public une nouvelle génération de réalisateurs de grand talent. Denis Villeneuve (*Un 32 août sur terre, Maelström*), Manon Briand (*2 secondes, La turbulence des fluides*) et André Turpin (*Un crabe dans la tête*) font notamment partie de l'aventure.

Les Invasions barbares (Denys Arcand, 2003). Arcand remet en scène les personnages du *Déclin de l'empire américain* autour de Rémy qui est atteint d'un cancer incurable. Film à la fois drôle et désespérant, qui traite de la mort sans sombrer dans le mélodrame, il apportera à son réalisateur son plus grand succès en carrière. Maintes fois récompensé, le film remporte quatre Jutra, trois César, deux prix à Cannes et l'Oscar du meilleur film en langue étrangère.

C.R.A.Z.Y. (Jean-Marc Vallée, 2005). Ce portrait de famille émouvant raconte la difficile acceptation par un père de famille de l'homosexualité de l'un de ces fils. Rythmé par la musique des années 1960 et 1970, le film réussit la rare prouesse de combler à la fois la critique et le grand public.

Étonnant!

Interdit aux moins de 16 ans

Jusqu'en 1961, les salles de cinéma québécoises sont interdites à tous les enfants âgés de moins de 16 ans. Cette politique découle directement de l'incendie du théâtre Laurier Palace de Montréal, survenu le 9 janvier 1927. En plein samedi après-midi, la salle est remplie de centaine d'enfants; 77 y perdront la vie. Le drame défraie la manchette et émeut la population. L'année suivante, au terme d'une commission d'enquête, l'interdiction entre en vigueur.

Prix du long métrage québécois de l'AQCC

Chaque année, l'Association québécoise des critiques de cinéma (AQCC) remet un prix qui récompense le meilleur long métrage produit au Québec. Voici la liste des films choisis depuis la création du prix en 1974.

2006 *Congorama* de Philippe Falardeau

2005 *La Neuvaine* de Bernard Émond

2004 *Ce qu'il reste de nous* de François Prévost et Hugo Latulippe

2003 *Gaz Bar Blues* de Louis Bélanger

2002 *Yellowknife* de Rodrigue Jean

2001 *Mariages* de Catherine Martin

2000 *La Moitié gauche du frigo* de Philippe Falardeau

1999 *Post mortem* de Louis Bélanger

1998 *Quiconque meurt, meurt à douleur* de Robert Morin

1997 *Tu as crié LET ME GO* d'Anne-Claire Poirier

1996 *La Plante humaine* de Pierre Hébert

1995 *Rang 5* de Richard Lavoie

1994 *Octobre* de Pierre Falardeau

1993 *Deux actrices* de Micheline Lanctôt

1992 *Requiem pour un beau sans cœur* de Robert Morin

1991 *The Company of Strangers* de Cynthia Scott

1990 *La Liberté d'une statue* d'Olivier Asselin

1989 *Trois pommes à côté du sommeil* de Jacques Leduc

1988 *Kalamazoo* d'André Forcier

1987 *Train of Dreams* de John N. Smith

1986 *Le Déclin de l'empire américain* de Denys Arcand

1985 *Caffè Italia Montréal* de Paul Tana

Question

Quel Québécois a remporté plus d'un Oscar?

Réponse: Frédéric Back. Il remporte l'Oscar du meilleur film d'animation pour Crac! *en 1981 et pour* L'homme qui plantait des arbres *en 1987.*

1984 *La Femme de l'hôtel* de Léa Pool
1983 *La Turlutte des années dures* de Richard Boutet et de Pascal Gélinas
1982 *Le Confort et l'indifférence* de Denys Arcand
1981 *Les Plouffe* de Gilles Carle
1980 *Une histoire de femmes* de Sophie Bissonnette, Martin Duckworth et Joyce Rock
1979 *L'hiver bleu* d'André Blanchard
1978 *Comme les six doigts de la main* d'André Melançon
1977 *24 heures ou plus...* de Gilles Groulx
1976 *Ti-Cul Tougas* de Jean-Guy Noël
1975 *On disait que c'était notre terre/Ntesi nana shepen* d'Arthur Lamothe
1974 *Les Ordres* de Michel Brault

Prix Jutra du meilleur film québécois

Créés à l'initiative des Rendez-vous du cinéma québécois, les prix Jutra visent à récompenser les artisans du cinéma au Québec. Voici la liste des productions qui ont remporté le prix du meilleur film.

2007 *Congorama* de Philippe Falardeau
2006 *C.R.A.Z.Y.* de Jean-Marc Vallée
2005 *Mémoires affectives* de Francis Leclerc
2004 *Les Invasions barbares* de Denys Arcand
2003 *Québec-Montréal* de Ricardo Trogi
2002 *Un crabe dans la tête* d'André Turpin
2001 *Maelström* de Denis Villeneuve
2000 *Post mortem* de Louis Bélanger
1999 *Le Violon rouge* de François Girard

 Question

En quelle année fut inaugurée la première salle de cinéma du Québec?

Réponse: En 1906, Léo-Ernest Ouimet ouvre le Ouimetoscope à Montréal.

La **gastronomie** québécoise

Autrefois familiale, rurale et résolument rustique, la cuisine québécoise s'est raffinée au fil des années et des tendances culinaires. Riche des traditions culinaires françaises, britanniques et amérindiennes, la cuisine traditionnelle québécoise fut quelque peu mise de côté pendant la vague du modernisme alimentaire des années 1950 à 1980 qui favorisait les plats pré-cuisinés aux produits frais. Ironiquement, c'est surtout le retour à une cuisine «artisanale» du terroir qui a permis à la cuisine québécoise de se transformer en gastronomie, un heureux mariage entre tradition et modernité. Grâce à la diversité et à la qualité des produits locaux, les grands chefs œuvrant au Québec ont même su revisiter des classiques de la cuisine traditionnelle québécoise, que ce soit le pâté chinois, les fèves au lard, voire la poutine.

Quelques plats traditionnels québécois

La tourtière: plat emblématique du temps des Fêtes chez les Québécois, la composition de cette tourte varie selon les régions, chacune se déclarant la «dépositaire» de l'authentique tourtière. Ainsi, on peut y retrouver diverses viandes (porc, bœuf, veau, perdrix, lièvre) et légumes (oignons, pommes de terre).

Le pâté chinois: proche parent du hachis Parmentier français et du *shepherd's pie* irlandais, le pâté chinois se résume facilement aux ingrédients qui le constituent, à savoir le bœuf haché, la purée de pommes de terre et le maïs (en crème ou en grains, ou les deux, selon les préférences).

Les cretons: l'un des incontournables du petit déjeuner québécois traditionnel, ce pâté de porc et de graisse rappelle les rillettes françaises.

Les fèves au lard: ce plat traditionnel est inspiré des *Boston baked beans* américaines et comprend, comme son nom l'indique, des fèves, du lard et, parfois, de la mélasse, le tout cuit lentement au four.

Le ragoût de pattes de cochon: plat hivernal par excellence, ce ragoût longuement mijoté comprend des pattes de cochon, des pommes de terre et des boulettes de viande.

Le cipaille: aussi connu sous le nom de «tourtière du Lac-Saint-Jean». Les ingrédients de cette tourte varient selon les familles, mais comprennent généralement une variété de viandes, des pommes de terre et des oignons.

La poutine: aujourd'hui servie à toutes les sauces (italienne, à la bière, au bleu, aux moules et même au foie gras!). La recette originale de la poutine est à base de pommes de terre frites et de fromage en grains, le tout arrosé de sauce brune.

Quelques **réalisations** et **inventions** québécoises

Depuis la fondation de la Nouvelle-France, les Québécois ont dû faire preuve de beaucoup d'inventivité et de détermination pour s'adapter à un territoire et à un climat qui ne sont pas toujours des plus accommodants. Certains ont su utiliser ces traits de caractère dans tous les domaines et pour le bénéfice de tous. En voici quelques preuves.

1927 Invention de la souffleuse à neige par Arthur Sicard. Il applique le principe de la moissonneuse à lame rotative pour l'enlèvement de la neige. Il met son invention au point entre 1925 et 1927. La ville d'Outremont est la première à faire l'achat de la déneigeuse et souffleuse à neige Sicard.

1932 Construction du premier remonte-pente en Amérique du Nord, à Shawbridge, dans les Laurentides.

1937 Joseph Armand Bombardier fait breveter son autoneige, sorte de voiture à chenille qui peut se déplacer facilement sur la neige. En 1959, il met au point un modèle individuel beaucoup plus léger, la motoneige, qui sera vendu sous le nom commercial de *Ski-Doo*.

1959 Inauguration de la Voie maritime du Saint-Laurent. Elle relie l'océan Atlantique et le fleuve Saint-Laurent aux Grands Lacs et permet l'accès à une quinzaine de grands ports internationaux.

1967 Ouverture de l'Exposition universelle de Montréal. Après trois années de travaux, avec la mise au monde de nouvelles îles qui nécessite le remblayage de 28 millions de tonnes métriques de roc et la construction de près de 90 pavillons et d'un réseau de métro, Montréal devient le centre du monde.

1968 Inauguration de la centrale hydroélectrique Manic-5 et du barrage Daniel-Johnson.

1969 Création de l'avion-citerne amphibie CL-215 par Canadair. L'appareil devient rapidement l'outil par excellence pour lutter contre les feux de forêt.

1977 Fondation de la Ligue nationale d'improvisation (LNI) par Robert Gravel. La LNI est une forme d'improvisation théâtrale nouvelle, encadrée par des règles strictes et un décorum inspirés par le hockey. Le concept fait rapidement boule-de-neige et s'implante un peu partout sur la planète.

1979 Inauguration de la centrale hydroélectrique LG-2 à la Baie-James par René Lévesque, maintenant connue sous le nom de «centrale Robert-Bourassa».

1984 Fondation du Cirque du Soleil. Un petit groupe d'amuseurs de rue sans trop de moyens fonde un cirque qui emploie aujourd'hui plusieurs milliers de personnes à travers le monde et dont les spectacles ont attiré jusqu'à maintenant plus de 70 millions de gens.

1986 Fondation de Softimage par Daniel Langlois. Softimage est reconnue pour ses techniques d'animation 3D assistées par ordinateur. Les technologies de Softimage sont utilisées dans de très nombreuses superproductions, entre autres *Jurassic Park* et *Moulin Rouge*, et les films de la série *Harry Potter*.

1990-1991
Construction du premier simulateur de vol MD-11 par CAE. Une première mondiale qui va assurer à l'entreprise la position de tête dans l'ensemble de l'industrie.

1999 Julie Payette prend part à la mission STS-96 à bord de la navette spatiale *Discovery*. C'est la première femme québécoise à voyager dans l'espace.

2001 Bernard Voyer complète le tour du monde par les plus hauts sommets des cinq continents et des deux pôles. Il est le premier explorateur des Amériques à réaliser cet exploit.

2004 Louise Arbour est nommée haute-commissaire aux droits de l'homme de l'ONU. Elle occupait à cette date le poste de juge à la cour suprême du Canada et avait précédemment agi à titre de procureure en chef du Tribunal pénal international pour l'ex-Yougoslavie et le Rwanda.

2006 Partis en septembre 2005 à bord du voilier *Sedna IV*, Jean Lemire et son équipage complètent la mission «Antarctique», qui visait à documenter les effets des changements climatiques dans la région. L'équipage a mené une mission similaire dans l'Arctique en 2002.

Pour finir en **beauté**…

Voici d'autres réalisations (plus communément appelées «records») qui n'ont peut-être pas l'envergure ni le sérieux des précédentes, mais qui inspirent le respect et parfois font sourire.

1971 Phil Latulippe, alors âgé de 52 ans, court 352 km en 63 heures. Il battra son propre record deux autres fois.

1981 André Roger, l'artiste peintre le plus rapide du monde, peint deux grandes toiles en quelques minutes. Il établira 22 nouveaux records dans son domaine.

1983 Inauguration du «rouet géant» haut de 3,66 m construit pour le 50e anniversaire de fondation de la municipalité de Sainte-Germaine-Boulé, en Abitibi.

1988 Donat Gadoury, alors âgé de 81 ans, soulève plus de 380 kg.

1992 Le Cinéma Parallèle organise un marathon de 250 heures de projection continue.

1993 Un gâteau «historique» géant (4 m de haut) est offert par le Comité des Français de Montréal à la Ville pour le 350e anniversaire de fondation de Montréal.

1994 Louis Caya réalise le plus grand carré magique au monde (3001^2).

1994 Steeve Freeman mémorise, lors d'une croisière, les prénoms de 136 des 144 membres d'équipage et de 407 des 411 passagers. Il établira un nouveau record en 1996.

1994 Dans la région de Charlevoix, Denis Tremblay prend une photographie panoramique réunissant 1 387 personnes.

1995 Guy Badeaux dessine deux cartes postales géantes de 9,5 m sur 3 m contenant 40 000 signatures qu'il envoie aux Casques bleus canadiens en poste au Rwanda et en Bosnie-Herzégovine.

1997 Marie-Louise Chassé-Meilleur devient la doyenne de l'humanité à 117 ans.

1998 John Turmel est battu aux élections pour une 44e fois en 44 tentatives.

1998 Michel Gillet devient le plus grand collectionneur de cognacs au monde.

1998 Yann Lefebvre gravit, en une journée, 15 833 marches d'escalier dans 24 gratte-ciel de Montréal, en 1 h 48 min.

1999 Pierre Légaré conçoit et anime *Mots de tête*, la plus courte émission de télévision au monde (30 secondes, publicité incluse).

2003 La Magnétothèque bat le record mondial de lecture continue à haute voix (72 heures) grâce à cinq de ses bénévoles.